看见孩子的宇宙

拿来就可用的家庭教育方法

陈钱林 著

浙江人民出版社

图书在版编目（CIP）数据

看见孩子的宇宙 ： 拿来就可用的家庭教育方法 / 陈钱林著. — 杭州 ： 浙江人民出版社， 2024. 9 — ISBN 978-7-213-11534-9

Ⅰ．G782

中国国家版本馆CIP数据核字第2024PY4891号

看见孩子的宇宙——拿来就可用的家庭教育方法
KANJIAN HAIZI DE YUZHOU
NALAI JIU KEYONG DE JIATING JIAOYU FANGFA

陈钱林　著

出版发行：	浙江人民出版社（杭州市环城北路177号　邮编　310006）
	市场部电话：(0571)85061682　85176516
责任编辑：	胡佳佳　赖　甜
策划编辑：	郦鸣枫
营销编辑：	张紫懿
责任校对：	王欢燕
责任印务：	程　琳
封面设计：	李　一　王　芸
电脑制版：	杭州兴邦电子印务有限公司
印　　刷：	杭州广育多莉印刷有限公司
开　　本：	710毫米×1000毫米　1/16　　印　张：18.5
字　　数：	209千字　　　　　　　　　　　插　页：1
版　　次：	2024年9月第1版　　　　　　　印　次：2024年9月第1次印刷
书　　号：	ISBN 978-7-213-11534-9
定　　价：	78.00元

如发现印装质量问题，影响阅读，请与市场部联系调换。

专家和媒体评论

陈钱林的故事告诉我们，两个孩子的成长不是偶然的……父母不能只做知识的传播者和特长的培训者，而要做孩子精神成长的引领者。好的家庭教育，要给孩子宽阔的心胸，要给孩子强大的精神力量。

——朱永新：《父母要与孩子一起成长》，《人民教育》2017年第1期。（朱永新，中国陶行知研究会会长、中国教育学会家庭教育专业委员会理事长。）

陈钱林校长以自己成功的家庭教育，将一对龙凤胎双双送入世界名校攻读博士学位，其经验已影响了成千上万的家庭。当陈钱林又以教育家的使命与担当，对家庭教育进行理性分析与总结时，这就将实践升华到了理论的层面，从而更富启示的深刻性。

——陈健：《陈钱林教育改革的启示——读〈教育的本质〉》，《中小学德育》2021年第1期。（陈健，第九届国家督学、广东省教育厅原总督学。）

陈钱林是一位知名校长，我和他曾有过交流。陈钱林十分善于发掘孩子的兴趣，并能把兴趣引向与学习相关的领域。

——成尚荣：《指点与指指点点》，《中小学管理》2021年第4期。（成尚荣，第七届国家督学、江苏省教育科学研究院研究员。）

"知行合一，即知即行"，是陈钱林非常难能可贵的一项品质……陈钱林的很多教育实践和理念，诸如"星卡"评价、自主作业、立志教育、名人传记阅读、探究学习等，最初都是在家庭教育中试用，先在自己孩子身上试验过，有成效后，才在学校推广。

——任小艾：序二《敢为者，脚下总有路》，《追寻教育的中国梦：碧桂园实验学校教育改革探秘》，北京师范大学出版社2021年版。(任小艾，全国模范班主任、《人民教育》杂志管理室原主任。)

陈钱林有他冷静独立的见解。还是很小的时候，他就跟孩子说，不要追求100分。考90分不难；从90分到95分，要花一些精力；从95分到100分，要花太多精力；如果能轻松考到90分，说明孩子具备学习能力，不如省下时间自由学习。

——郑毓信：《学生如何才能学好数学》，《中学数学月刊》2022年第5期。(郑毓信，南京大学哲学系教授、博士生导师。)

陈钱林对其子女教育的成功，正是万千家长需要学习的。这样一种家教，才是孩子欢乐和成功的源泉。过程美丽、结果圆满，不正是天下家长所期盼的吗？

——戴荣里：《向这位校长学习，做一个智慧的家长》，"源创图书"公众号，2022年10月13日。(戴荣里，中国作家协会会员、中国人民大学哲学博士。)

陈钱林的教育观念也算非常特立独行。一方面，他主张对孩子进行"志向教育和超前教育，注重引导孩子的潜能"，另一方面，他觉得："幸福为本，健康第一，有名有利读名牌大学有铁饭碗，这些未必就是幸福。

如果你追求的目标不能让你幸福，就不值得做。"

——杨影、解亮：《浙江3名学生入读南科大　朱清时向瑞安女孩竖起大拇指》，浙江在线，2011年3月3日。

谈到家教经验，陈钱林认为就是"自立教育"。幼儿期，从游戏、探究入手，让孩子享受玩中学的幸福；从习惯、家规、志向入手，帮孩子形成自律生活；从引导孩子决定自己的事入手，帮孩子形成自立人格。学龄期，从综合素养入手，拓宽基础的宽度；自选作业，超前学习，培育自学能力。

——常河：《二十六岁特任教授陈杲攻克世界难题》，《光明日报》2021年3月1日。

一直深耕教育工作，陈钱林对子女教育有自己的一套方式方法……除了自学，陈钱林称，引导孩子立大志也是家庭教育关键之一……通过带孩子见各领域的专家教授、让孩子多读名人传记、讲述长辈的创业故事等方式，培养孩子的远大理想和人生志向。

——黄子宁：《26岁"天才少年"硬核刷屏后，其父透露的"秘密"更让人深思！》，《广州日报》2021年3月1日。

两个孩子年幼时喜欢画画，画完背面画正面，然后对陈钱林说"一张纸背面的背面就是正面啊"。这件不起眼的小事，在陈钱林看来是值得家长鼓励的"重大发现"。在每一个类似的时刻，陈钱林都大方鼓励孩子，而不是敷衍了之。

——雪丸子：《26岁教授破解世界难题刷屏！教改专家爸爸揭秘：他

从小学就不做作业，但……》，"环球人物"公众号，2021年3月2日。

陈钱林尤其强调自学的必要性，与许多家长很重视通过习题训练达到学习效果不同，他认为，知识如果靠灌输，终究不是好办法，要为孩子创造自悟的机会。……自学的前提是志向。自学时需要毅力的，自学的过程也不可能都快乐，只有用远大的志向做引力，才更容易化苦为甜。

——孙译蔚：《他把一双儿女送进名校》，《文摘报》2021年5月25日。

外甥彬被说成是那种"没法读书的学生"。到了舅舅那里，彬觉得"教育的路线完全改变了"，后来获得上海交通大学硕士学位。彬的妹妹洁也在陈家住过。如今，她在瑞安一所学校当美术老师。侄子浩大学毕业后留学英国。如今他们都年过而立，对这位长辈的修为很心服。

——胡卉：《为26岁天才数学家做父亲｜谷雨》，"谷雨实验室—腾讯新闻"公众号，2021年5月25日。

"鸡娃"能否决定孩子的未来？这是教育界长期争辩的话题。陈钱林毫不犹豫地回答：不能。"学习是长跑，而'鸡娃'比的是短跑，意义不是特别大。家长要抓住教育的核心才对。"在他看来，教育的核心是：自律、自学、自立。

——吴怡、杨娜：《攻克世界难题的"天才"数学家，也曾因成绩不敢找家长签名》，澎湃新闻，2021年10月25日。

自 序

我家有对龙凤胎，从小习惯良好，勤奋好学，志向远大，后来均成为世界名校博士。

我的家庭教育核心思想，是自律、自学、自立。

自律，重点是培养习惯。培养习惯有两种方法：一种是他律，大人盯着孩子；还有一种是自律，让孩子明白道理，把自己管起来。自律当然比他律好。

学习有两种形式：一种是跟着老师学，还有一种是自学。自学，先是学习习惯，再是自学方法。自学是主动的学习，更有优势。

自立，就是培养独立的人格和积极向上的内心精神世界。教育的本质是培育健全人格，只要孩子人格健全，教育就是成功的；假如孩子再学业有成，那就更是锦上添花了。如果人格不健全，孩子即使考上名校也不能算是成功的。

中国教育学会家庭教育专业委员会理事长朱永新老师曾在《新家庭教育论纲——新教育在家庭教育上的探索与思考》《教育的减法》等著作中多次引用我的家教方法。

第九届国家督学、广东省教育厅原总督学陈健先生曾专门撰写《陈钱林教育改革的启示——读〈教育的本质〉》一文，称赞我的家教思想。

中央广播电视总台新闻主播路博女士曾说:"特别赞同自律、自学、自立思想,以后有了孩子就请教陈钱林老师。"

2015年,我在教育科学出版社出版了《家教对了,孩子就一定行!》,该书入选了中国教育新闻网"影响教师的100本书"。2021年,该书在上海教育出版社再版,成为畅销书。

2021年初,我儿子攻克了一个数学难题,全国各大媒体纷纷采访或者引用我的家庭教育观点,向我请教的家长更多了。

最近,我着手写本新书,希望把自律、自学、自立的核心思想讲透些。这样,感兴趣的家长,将这本书跟《家教对了,孩子就一定行!》结合起来看,可以更好地借鉴到我的教育方法。

本书分家教故事、家教方法两个部分。

家教故事,选择我家孩子俩出生到16岁开始独立生活的部分故事。这些故事记录真实的育儿经历,会让读者对各年龄段家庭教育有系统的认知,看了之后再读后边的家教方法,会更有现场感。

家教方法的自律素养篇,从习惯有关键期、抓哪些习惯,讲到培养习惯的方法、如何变他律为自律;自学素养篇,从学习习惯、学习动力讲到自学方法;自立素养篇,从什么是健全人格,讲到如何引领精神成长、培育独立人格;全书依一定的内在逻辑自成体系。文章不局限于我的育儿经历,而是从儿童教育的共性来分析,写的是家庭教育的理念与方法,揭示的是儿童教育的本质与规律。

我曾在全国各地开讲座,很受欢迎。本书的阐述,就像开讲座一样,不讲究文辞优美,尽可能地用口语方式讲述,重点对理念和方法去伪存真,争取每篇文章都能让读者在理念上有所启发,或者在方法上有所借鉴。

现在谈家庭教育的书不少，但理论类的书贴近实践的不多，方法类的书拿来就可用的也不多。

我因青年立志有机会深入学习教育文献，又因机遇垂青接触到众多学术大咖，还做过小学、初中、高中学校校长，管理过幼儿园，到了50多岁才感觉把教育看通透。全国有我这样经历的教育者并不多，悟到教育真理的更少。我相信这本书，不管是家庭教育方法，还是儿童教育理念，都会给读者带来不一样的启示。

谨以此书献给天下所有的父母。

每个时代的人都有不同的机遇与挑战、幸福与困惑，但不同时代的父母，永远都有养儿育女的含辛茹苦、望子成龙的诲人不倦和无私奉献的舐犊情深！

愿更多的年轻父母有精力重视家庭教育，更多用心的家长更快地摸索到家教方法，愿更多的孩子因此而倍增童年的幸福！

目录

家教故事

天赐龙凤胎	3
乳儿期早教	4
婴儿生活	7
上幼儿园	10
上小学	12
儿子读初中	16
女儿读初中	19
儿子读高中	23
女儿读高中	25
饮　料	28
看电视	30
筷子玩具	31
地　图	33
棋牌乐	35

上学路上遇堵车	37
与儿子在上学路上的对话	38
与女儿在万松山的对话	40
蜘蛛网	41
开　门	43
上　网	45
雨水叮咚响	47
诗意童年	49
考研风波	51
书香家园	53
与女儿秋夜听蝉	55
空间和时间都是圆	59
拜访院士	61
童年的伙伴	64
儿子入读中科大少年班	66
女儿入读南方科技大学首届教改实验班	70

自律素养 >>>　74

习惯教育有关键期	75
习惯教育到底抓什么	79
重视健康习惯	83
自己的事情自己做	88
尊重他人从感恩长辈做起	92

学会作息时间自主管理	95
让孩子爱上阅读	100
肯说比说得好更重要	106
培养自主探究习惯	110
习惯教育有方法	116
家规是他律到自律的桥梁	120
"100个好"评价的教育真理	124
巧用"赏识·期望·引导"模式	129
从习惯自律到道德自律	133

自学素养 >>>   137

学习是个综合的系统	138
引导孩子"玩中学"	142
学习习惯要抓大放小	146
学习的动力	151
作业并不是越多就越好	156
最高明的学习是自学	161
语文自学重听、说、读、写	181
不上培训班，轻松学写作文	185
数学适合超前学习	192
英语自学既可拓展学习也可超前学习	195
科学自学，拓展学习、探究学习、超前学习	
都适合	199

把孩子的视野拓展到社会	203
孩子成绩不理想怎么办	207
寻找"卷"与"不卷"的平衡点	213

自立素养 >>> 218

教育的本质是培育健全人格	219
点燃孩子的精神世界	225
从小树立远大志向	232
自信是自立的基石	238
体艺的价值不在于获奖	243
阅读引领精神成长	247
把挫折变成挫折教育	251
公开表扬，私下批评	256
与孩子平等对话	260
让孩子决定自己的事	264
性格在青春期定型	269
帮助孩子度过青春迷茫期	272

后　记　　277

家教故事

2006年底开始，我在新浪博客写家教随笔，记录真实的育儿经历。

本书从中选择了我家孩子俩出生到16岁的部分故事。

这些童年故事背后蕴含着各年龄段的儿童教育规律，通过对这些故事的阐述，希望能让您对家庭教育有一个系统的认知。

天赐龙凤胎

妻子怀孕5个月左右的一天,我梦见有亲戚叫我帮他的双胞胎孩子取名。

梦醒。妻子说,会不会是我们家要生双胞胎?

当时,我在浙江省瑞安市教育局工作,妻子是塘下镇中心小学教师,我们住在塘下镇原邵宅村教师商品房里。我联系了塘下镇医院的戴医生帮妻子做检查。

下班回家时,我在公交车上接到了传呼,传呼机一直不停地响。那时我还没有手机,在车上没办法回复。我估计是妻子打来的,而且检查结果是双胞胎,不然没必要传呼这么多遍。下了车,我找了个电话亭回电话,开口就问:"双胞胎吧?"妻子笑道:"心有灵犀一点通。"

我把此消息告知了母亲。母亲大喜,神秘地说之前她也曾做梦,在瑞安市区解放路上手牵一个男孩和一个女孩。她深信是龙凤胎。

离妻子预产期还有两个月,我们借住在我原来工作的学校的老校长周成祥老师的房子里,并与瑞安市人民医院的产科名医戴凌云医师取得联系,请她帮我妻子细心检查。8月初,戴医生帮忙接生。一天妻子进产房后,不一会儿,两位护士就抱着两个孩子出来,果然是龙凤胎!

乳儿期早教

我对孩子俩的教育从胎儿时就开始了。妻子怀孕后，我到书店买了一些胎教的书作指导。首先是注意饮食。我读大学时，曾听一位教授讲过吃鸽子蛋有利于胎儿大脑发育。这不一定有理，但我宁可信其有，而且鸽子蛋无害，就让妻子每天吃一个鸽子蛋。其次是听轻音乐。我曾做了一个实验，胎教期间特地让妻子每天听一会儿《五星红旗迎风飘扬》，在孩子俩出生后两周，再放这首乐曲时，他们相对会比较敏感。尽管胎教听起来可能有点玄乎，却也足见我对家庭教育的重视。

孩子俩满月后，我开始在习惯、智力和言语开发等方面花些心思。习惯方面，主要注意培养吃、拉、睡的良好习惯。孩子俩以喝奶粉为主，我们用的是价格实惠的奶粉。孩子俩稍大些，我母亲根据农村养孩子的习惯，开始给他们喝点稀粥汤，后来再喝点稀米糊。我的创新，是在米糊中依次添加鱼、果泥。养育是很有学问的，孩子俩长得很快，我母亲功劳很大。

孩子俩好像每天都要睡16个小时以上。我的习惯教育从培养作息规律开始。有时孩子俩白天睡了一天，晚上醒着不睡，大人就注意晚上不与孩子俩交流。晚上8点后，我家里就静悄悄了，只留微弱的灯光。坚持一段时间后，孩子俩晚上基本都是在睡觉。

对大小便习惯的管理，主要是根据我母亲的经验。她反对给孩子俩用当时开始流行的尿不湿，坚持用农村传统的棉纱布和围裙做尿布。等掌握了孩子俩的大小便基本规律后，我们就少用尿布。

智力开发方面，主要是对孩子俩听觉、视觉、触觉、味觉等进行刺激。

味觉方面，主要做法是在米糊中添加不同的食物，这既是营养均衡的需要，也能让孩子俩感知不同的味道。

听觉方面，给孩子俩放一些柔和的轻音乐，音量要特别低，低到大人甚至觉得听不到声音，以免有副作用。刚开始，孩子俩对此也没有多大的反应，但我觉得，没反应并不意味着没效果。果然，两三个月后，孩子俩对音乐就有好感了。于是，我家里配了一些声音轻柔的小铃铛，六七个月后，配备了一些拨浪鼓。当然，所有这些玩具，都是我精心选择的，如果声音过大就不要了。

视觉方面，先让孩子俩看些不同颜色的彩带，抱他们玩时，看看房间里的实物，一边看一边讲。刚开始时，孩子俩没反应，但我们坚持做，后来就有了反应，孩子俩看到不同的彩带会笑。人们常说眼睛是心灵的窗户，我深信，让孩子多动眼睛，有利于大脑发育。

触觉方面，主要是在孩子俩的手、脚上轻轻抚摸。在孩子俩1个月左右时，摸他们的手心和脚，他们就有反应了。待他们稍大些，我主要训练他们手的灵活度。手是第二大脑，多动手可以促进大脑发育，这是已被认可的。

孩子俩不会说话，并不意味着不需要言语训练。言语既是语言的基础，也是思维的方式。看起来孩子俩不懂，实际上只是不会说而已，在大人说话的影响下，孩子俩的言语能力也在不断地发展着。妻子会轻唱些歌曲，我母亲会常哼些民谣，孩子俩几个月后对此就有反应，他们会微笑着听,后来就"咯咯"地笑出声了。

1周岁前的孩子称乳儿,以长身体为主,我在习惯、智力开发、言语训练方面用了些心思,因此,家庭教育有了良好的开端。

婴儿生活

孩子俩1周岁生日那天，我家搬到塘下镇塘西村，到孩子4周岁生日时我们搬到了瑞安市区，他们婴儿期一直在塘西村度过。

婴儿期是长身体的关键时期。经我母亲细心操劳，孩子俩饮食均衡，基本上能做到按时就餐，少有挑食现象。我比较重视孩子的运动，最早的玩具里就有篮球、排球。孩子俩在2周岁多的时候，已学会了骑儿童自行车，每天都有一定的运动量。孩子俩出生时都只有4斤多重，比一般孩子要轻，3岁时已经跟同龄孩子差不多重了。

孩子俩很喜欢做游戏，先是玩撕纸片、堆积木、叠书、摆棋子、拍球等游戏；稍大些，喜欢摆筷子、在书中找规律、过家家等。孩子俩互相有伴，平时都是他们自己玩。有时，大人也参与。孩子俩下棋喜欢创新玩法，堆积木喜欢玩花样。他们想出了"排排队"的游戏，筷子、碗、饼干盒、水果、凳子、拖鞋、书、布娃娃……凡是能拿得动的都拿，从一楼排到二楼，从前门排到后门，乐此不疲，有时大人也被拉着排队。

婴幼儿期是习惯培养的黄金期，我非常重视良好习惯的养成。上幼儿园前，孩子俩养成的良好习惯有：

按时作息的习惯。孩子俩吃饭、睡觉比较有规律，晚上不怕黑，一到规定时间准时上床，早晨按时起床。

卫生习惯。孩子俩从小吃喝拉撒都注意卫生，不玩脏、乱的东西，衣服上都干干净净的。

遵守规则的习惯。孩子俩做游戏时偶尔发生争吵，谁是谁非我会做个评判。一般流程是：先了解他们的游戏规则，凡遵守规则的会受到表扬，违反规则的会受到批评。

与人分享的习惯。吃东西时，孩子俩一般都一起吃。凡大人喜欢吃的东西，孩子俩都能分给大人吃。我特意交代我父母，孩子给的东西，不要客气，一定要吃，这对孩子的习惯养成有好处，我父母也每次总忘不了对孩子俩给予表扬。有邻居小伙伴在，孩子俩会分些给他们。孩子俩有好书，也喜欢给客人看；有好玩具，也喜欢给客人玩。

不打骂、不撒野的习惯。因为从来没有接触过不文明的行为，孩子俩待人彬彬有礼。我不允许孩子俩调皮，经严格要求，他们养成了文明的习惯。

自理的习惯。凡是自己能办的事情自己办，如整理玩具、吃饭、睡觉、洗脸等，小小年纪的时候，这些事他们就自己做了。

看书和学习的习惯。他们从小与书为伴，什么书都喜欢翻翻，不知不觉已经认识了很多字。他们喜欢数学，简单的加减乘除法也懂了一点儿。他们更喜欢科学，看过很多科普读物和动画片，志向是得诺贝尔奖。

大胆说话的习惯。孩子俩有什么话都喜欢跟大人说。我工作忙些，在家时间少，但只要在家，孩子俩就抢着对我说前几天发生的事，高兴的、难过的，说个不停。

听从大人教育的习惯。我很少对孩子俩发号施令，如玩什么游戏、怎样玩，我都少有干涉，我认为这是孩子自己的事。而一旦发话，我一定会让孩子俩服从。小小年纪，如果大人的话都不听，那家庭教育就有问题了。

　　孩子俩婴儿期，是我家庭经济最困难的时期，因刚在塘西村建了房，欠了一些债，尽管我们夫妻都是职工，但待遇并不高，只能勉强维持生计，根本没有钱请保姆。这段时间，我在瑞安市教育局上班，市区离家约10千米，平时坐公交车上下班。有两年左右的时间，国道线修路一直堵车，我只能骑自行车上下班，来回都要骑一个小时，相当辛苦。我没有钱在市区租房子，中午连个午休的地方都没有，只能在办公室看书。好在我父母能力特别强，把所有的家务事都揽下来，还把孩子俩养育得健健康康。

上幼儿园

孩子俩4岁时，到了上幼儿园的年龄。这时我家经济条件也有好转，我把农村的房子卖掉，在市区虹桥路买了一套面积为140平方米的新房子。孩子俩上的是瑞安市中心幼儿园，幼儿园离家不到300米，孩子俩上幼儿园很方便。为了培养独立性，我让他们自己走路去幼儿园，但考虑到交通安全问题，我母亲总是跟在后边。

当时瑞安市的小学正好由五年制改成六年制，适龄儿童由7岁入学改为6岁入学。孩子俩上幼儿园小班之后直接上大班，实际上在幼儿园待的时间只有两年。

孩子俩很自信。上幼儿园第一天，老师分牛奶后习惯地数数。女儿说："老师，这样数太麻烦。"儿子说："6排，每排6碗，后一排少2碗，6×6减2，就是34碗。"老师表扬了孩子俩聪明又大方，各给了一朵大红花。

孩子俩从小没有午睡的习惯，在幼儿园因不习惯午睡而常感冒，平均每个月感冒一次，对我家来说，就是每半个月有一个孩子感冒。一次，儿子感冒后碰到了庸医，打了1周左右的抗生素针，我母亲心疼了，唠叨着不要让孩子俩去幼儿园。此后，孩子俩上午去幼儿园，中午回家吃饭，下午就干脆在家里休息。

孩子俩上幼儿园才两年，又只去半天，实际待在幼儿园的时间并不多。学习上的事，我不提要求。他们普通话学得不错，但仅仅会说而已，什么演讲、讲故事比赛，少有机会参加。许多家长还送孩子到社会培训班学英语，我认为没必要这么早学，我家孩子俩只学习了几首英语儿歌。

而在习惯和能力方面，收获还是不小的：

第一，良好习惯得以形成。孩子俩刚上幼儿园，表现就特别令人满意，总是受到老师的表扬，不时被老师作为小朋友们学习的榜样。在成功感的激励下，孩子俩表现得更让人满意，习惯也越来越好了。孩子俩的作息习惯、卫生习惯、锻炼身体的习惯、阅读习惯、探究问题的习惯，都得到了很好的培养。

第二，自理能力得到加强。孩子俩上幼儿园后，责任感更强了。他们晚上整理小书包，早晨背着小书包上学，中午放学回家，各方面都很有条理。有时，一回到家，他们也写些书面作业，俨然小学生一样。有时，老师布置的作业是唱歌、背诗歌、讲故事等，孩子俩于是将幼儿园里学的表演给大人听。老师布置做家务活，孩子俩都很喜欢做。

第三，交往能力得到锻炼。因有为他人着想的习惯，孩子俩很受小朋友们欢迎。

上小学

孩子俩在6岁时，入读我妻子任教的百年名校瑞安市实验小学。学校离家不过300米，上下学很方便。学校当时在拆建中，教室就设在一层楼的简易房里，下雨天地上常积水，但不影响孩子俩对学校的喜欢。

小学一年级少不了抄抄写写的作业，有时候数学也会有抄写作业。我认为没必要，但孩子喜欢，我也没反对。读了大约3个月，我发现儿子数学思维退步了！期末，我与儿子商量，作出了大胆的决定：跳级。儿子直接从六年制的第二册跳读到五年制的第四册，年龄上比一般同学小了两岁。刚跳级时，儿子成绩不好，过了半个学期，数学成绩上来了。跳级后，儿子不断受到老师、亲友的称赞，学习兴趣很浓。第四册读完后，很多亲朋好友建议让他再跳级，说年龄比一般学生小3岁的话可以考少年班，于是儿子又跳了一级直接读第七册。

两次跳级，我都没有另外为他补课，只是给他教科书让他自学，他不懂时，我们夫妻帮他解疑。等跟上同年级的功课后，我引导他将自学的习惯坚持下来，抽空自学课外书。

跳级后，儿子的做作业能力不如班上同学，我怕儿子接受班上同学检查作业，会有心理压力，就向老师要求，儿子的作业不用交到小组内接受检查。老师赞同我的意见，儿子的作业按自学进度，交由我们夫妻检查。

儿子读完四年级，我把他转学到我当时任校长的瑞安市安阳实验小学就读，一年后五年制小学毕业，小学共读了3年。

女儿在瑞安市实验小学读了4年，也转到瑞安市安阳实验小学就读，至12岁时六年制小学毕业。

女儿学习很认真，每次都考得不错，但我对分数并没有太在意，慢慢地，女儿也淡化了对分数的追求。到小学毕业时，女儿成绩一直很拔尖。

女儿应该具备跳级的能力。儿子跳级后，我问女儿怎么办，女儿说班级里有几个好朋友，不想跳级。加上我考虑她以后最好做个公办教师，不想让她冒险，所以就让她按部就班地读下来了。女儿整天乐呵呵的，与好朋友们打成一片。儿子跳级后，少做老师的作业。我问女儿作业是否也少做些，但女儿喜欢做作业，不同意少做。对此，我也表扬女儿勤奋好学。

三年级时，女儿的一些同学去学习作文、奥数，女儿也想学。我说，作文、奥数要等中学慢慢学，现在不如节省时间用来阅读好。我本打算让女儿学些钢琴、美术之类的特长，但女儿不感兴趣。女儿倒是对书法感兴趣，到新华书店买了几本字帖，抽空练练。不久，女儿的钢笔字写得有板有眼。

相比而言，我比较重视女儿的能力和习惯培养。6年里，我特别强调的习惯与能力有：

勤奋好学的习惯。女儿做作业特别认真，写完作业后，养成了预习新课的习惯，而她做得最多的，是自主设计的作业——看课外书与做小课题研究。

上课认真思考的习惯。为了能回答有分量的问题，女儿养成了事先看课外资料的习惯。五年级时的一次公开课上，特级老师借班上课，我也去听课了，老师提了一个问题，女儿回答得很精彩。回家后，我多次表扬女儿会思考。

自己解决学习问题的习惯和能力。碰到问题，我总是鼓励她自己想办法。有时女儿碰到难题很急，希望我告诉她结果，我也总是泛泛鼓励而已，一来我不清楚情况，二来我认为告诉孩子难题的解决答案可能是给孩子帮倒忙。习惯了之后，女儿总是记着难题，第二天问老师。

耐挫折能力。儿子跳级，对女儿来说肯定会有挫折心理，但我觉得遇到挫折并不见得是坏事，女儿也能克服。我平时尽可能多地给予她鼓励，特别是强化女儿的作文特长。有次女儿参加学校数学竞赛，获得女生组第一名，信心大增。

与同学、老师交往的能力。女儿性格乐观、开朗，又特别单纯，一直以来都很受同学、老师的喜欢。女儿小学低段在妈妈任教的学校、高段在爸爸做校长的学校就读，"特殊身份"使她更加自信，有利于发展交往的能力。

回想孩子俩的小学生活，总体上我比较满意，但也有明显不足和遗憾的地方。

第一，儿子的两次跳级有点不当。儿子第一次跳级是有意义的，既避开了不需要的学业负担，也培养了自学能力，增强了自信心。正好赶上学制改革的衔接点，看起来跳了一个年级，实际上儿子比他的同学们小两岁。儿子本来性格内向，缺乏主见，跳级后自主性明显增强。但第二次跳级有点草率。儿子这么小就准备考少年班，太功利。后来才发现报考中国科学技术大学（简称"中科大"）少年班，儿子比正常上大学的年龄小2岁就可以了。两次跳级下来，儿子上初中时个子太小，连参加课间活动跟着同学跑步都有安全隐患。

第二，没让女儿跳级，对女儿心理有伤害。女儿完全有能力跳级，因为我当时经验不足，对自学这种教育方法也没有百分之百的把握，想让儿子先做实验，万一不适应，可以让儿子以后做商人，而女儿不能冒险，我希望她以后考公办教师，所以担心她跳级后基础不扎实。孩子俩从小都一起玩，一起上小学，一个学期后弟弟跳级而姐姐不跳，从儿童心理来说，必定会产生挫折感。好在女儿整天乐呵呵的，很棒。但不管怎么说，对女儿的伤害是不可弥补的，这是我家庭教育中最后悔的地方。

第三，陪伴孩子的时间不够。孩子俩读小学这几年，我刚到瑞安市安阳实验小学做校长。这是一所寄宿小学，上千名孩子住在学校，安全责任很重大。我工作特别负责，学校里的事忙不完，就起大早上班，到晚上八九点了才下班回家，双休日也总有各种任务，因此，陪伴孩子俩的时间不是太多。

儿子读初中

儿子9岁上初中，在瑞安市安阳实验中学就读。学校在瑞安市安阳实验小学正对面，过个马路就到。上午由我带着儿子上学，下午由我父亲接，坐公交车回家。

我将身体健康摆在第一位，对儿子的学习不提过高要求，一旦他有感冒什么的，就让他在家休息。有时刮风、下雨，或者天气太热、太冷，也让他在家自学。因年纪过小，我与老师商量，儿子作业全部自主。

刚上初中时，儿子在校用午餐。儿子个子小挤不过同学，等拿到饭菜时就已迟了些，平时吃得又慢，见同学吃完了，又慌忙倒掉饭菜跟着同学走。我母亲唠叨着不要让儿子去读书，等女儿读初中时让孩子俩一起读。经商量后，儿子上午去学校，午餐回家吃，下午干脆在家自学。

因只有半天在校，儿子特别珍惜上课的时间。老师反映，儿子上课时坐姿像军人，表情极丰富，思维特别活跃，发言总是很有见解。儿子学识不断长进，在同学中的威信也较高。八年级初选班干部时，儿子票数很高，不过儿子不敢当班干部，老师给了他一个"名誉班干部"的称号。

儿子在家学习很自觉，按功课表自学，如功课表上是语文，他就学习语文；功课表上是体育，他就跳绳、玩乒乓球。因尝试自学，儿子的自学能力提高很快，学习效率特别高。

每学期开始后，儿子总是很快地将全册教材自学完毕。读八年级时，儿子已经将九年级的数学、科学学完。就算是很难自学的英语，他也总是超前学习，等老师上课时，他老早就学到后面了。超前学习让儿子增加了自信，也提升了学习能力。

九年级上学期，学校组织了数学和科学兴趣小组，每周晚上开辅导课。儿子去了几次后不想去了，他说，老师讲得太慢，白白浪费时间，不如在家自学效率高。老师做他思想工作做不通，也只好由着他，只是每当请外地老师来讲课时，要求儿子参加。儿子平时在家自学，找出一些问题，到校时问老师，总体效率很高。九年级上学期末，儿子参加全国数学竞赛获浙江赛区一等奖，这是本次竞赛中瑞安市获得的唯一的一等奖，儿子被瑞安中学提前特招。九年级下学期，儿子整个学期都在家自学高中课程。

对儿子读初中的经历，我有几点特别的体会：

一是对因材施教有了进一步的认识。教学有共性，但每个孩子的个性都不一样，学习需要尊重个性。适合的，才是最好的。

二是对自学有深刻的认识。学习，当然需要教师教，但并不意味着完全按照教师的节奏学。我原来认为，自学只是教学的补充，但从儿子自学的效果看，如果掌握了自学方法，完全可以达到甚至超过教师统一教学的效果。

三是半天时间在家自学的做法存在较大的风险。儿子下午在家自学，是我从身体健康角度考虑而作出的不得已的选择。按理说，照这样的方式，学习成绩是会下降的，也不利于同学之间的交往。但儿子能够保持优秀的成绩，这是意外的结果，主要原因是从小养成了良好习惯、家庭书香环境的熏陶和我的个性化引导；从教育规律上来看，不具备共性。

四是对小学跳级的反思。聪明又习惯良好的个别孩子可以跳级，但跳1年比较合适，像我儿子这样跳了3年并不妥，全面发展方面存在较大的风险。

女儿读初中

2006年，女儿小学毕业，入读瑞安市安阳实验中学。

女儿刚读初中时，学习压力明显增大。在分班考试中，学校习惯出比较难的试卷，女儿被考了个措手不及，各科成绩都只有70多分，这与小学时一般都是90多分成明显对比。女儿自信心受到打击，好几次问我："我读书不行，该怎么办？"

一次，晚上10点我才回家，女儿还在做作业，我妻子在旁边陪着。我叫女儿先睡觉，她不肯，将已做好的作业本、书本扔在地上，一边哭一边做未完成的作业。

初中有行为习惯"千分制"。女儿很好强，总希望自己"千分制"得高分。上早自习，她想最早到学校；有时作业写错了，都用涂改液改，浪费了一些时间。有几次因晚上睡不好，早上时间紧，饭都不吃就上学，她说，如果迟到，"千分制"就扣分了。

我寻思着，我得大胆干预，不然女儿学业会出问题，身心健康也会受到损害。

我引导女儿调整学习状态。我对女儿说，在七年级结束时考个班级第20名即可。我说，七年级班级第20名，八年级第15名，九年级第10名，这样基础最扎实。特别对女儿提了第10名，我对她说，在社会上最有出息的人不是第1名而是第10名。我说，学习看最后结果，如果考不上瑞安中学也没关系，同样可以考重点大学，即使上不了重点大学，像彬哥哥一样，还可以考上海交通大学的研究生。

对于"千分制"，我引导女儿对它不要看得太重。我说：这是老师对学生品德的要求，并没有叫大家一定要得多少分，而你现在品德不错了，这个是无所谓的。如果什么都想做好，有可能什么都做不好。

慢慢地，女儿起床加快了速度，早晨可以抽10多分钟时间背诵，小学双休日时，她都是与弟弟做游戏，现在也有所控制了。我叫女儿排好时间表，在劳逸结合的前提下，安排一定时间学习：重点是复习前一周的内容，预习后一周的内容。对于"千分制"，女儿说，先看重学习，如果时间有，"千分制"也得求好；如果学习时间不够，就不计较了。

女儿学习有所好转后，我引导她大胆自学。我与老师沟通后，老师同意经家长签字后作业可不做。我引导女儿合理分配作业时间，如果哪一科的作业多了些，就留着让我签字。在尝到少做作业的乐趣后，女儿开始大胆尝试自学，主要是进行超前学习。刚开始时，女儿成绩有所下降。那段时间，我也吃不准，但我还是引导女儿坚持自学。我们商量，如果真的不行，说明女儿没有做创新拔尖人才的潜能，不能太勉强，干脆早点转方向。

大约两个月后，女儿的成绩慢慢上来了，作业习惯、作息习惯有所改善，学习能力也有所提高。第一学期期末考试，女儿考了班级第13名，信心大增。第二个学期，女儿在学习方法上有了改进，成绩明显进步，期中考试、期末考试都取得班级前10名的成绩。

女儿逐步养成自学习惯，能把时间安排得妥妥当当的。她基本上能分清什么是重点、什么是难点。每个双休日，她都自学下星期的内容，将下星期的一些配套作业本的题目先做好一部分，等老师布置作业时，总有更多的宽裕时间而不至于"打疲劳仗"，成绩也开始拔尖。

女儿作文水平保持上升趋势，立意、构思和遣词造句能力有所增强，写了一些好文章，有几篇文章获瑞安市奖；被选拔参加英语、数学、科学校竞赛组；2007学年期末，学习成绩名列班级前茅。与此同时，女儿在同学中威信有所提高，继被评为三好学生之后，又被评为校优秀干部。

因获得自学能力，女儿学习效率特别高，两年时间学完了初中三年的课程，跳级一年提早读高中。

在女儿读初中期间，我有机会到杭州某学校做校长，但考虑到在杭州很难找到允许学生自学的学校，就放弃了进省城的机会。

对女儿读初中的经历，我的特别体会是：

一是当前应试教育大环境比较难改变。孩子读小学时家长还感觉不到，读初中后有如此重的学业负担，超出我的预期。我非常欣慰的是，因及时介入，在一定程度上减轻了应试教育对女儿造成的危害。我想，即使女儿自学不成功，但身心健康得到了呵护，也值得。

二是自学有方法。从小学高段开始尝试比较合适，到了初中才开始自学，会因为学习课程过多，风险较大。女儿能够迅速获得自学能力，还能跳级一年，这样的结果并不多见，这跟她相对聪明和小学时基础特别扎实有关，也跟复制我儿子的自学经验和我的个性化指导有关。如果时光可以倒转，我会让女儿在小学跳级一年，在小学高段时马上开始超前学习，那么到了初中阶段，就不会出现学习上的重大纠结和风险。

三是理科课程适合自学，而文科课程靠积累。女儿在小学阶段阅读量大，写作能力较强，到了初中，没有花太多精力学语文，可以省下时间自学理科课程。如果女儿小学时也跟风学一些并不重要的技能而忽视了阅读、表达能力的培养，等初中了想通过自学把语文拔尖，时间会明显不足。

四是青春期的孩子，面对过重的学习负担，心理压力是极大的。在这个年龄段，引领孩子精神成长比学习更重要，特别需要家长的陪伴、理解与鼓励。我非常欣慰的是，我基本上能从孩子的角度换位思考，在女儿碰到学习困难时引导她调整心态、规划未来、摸索自学方法。特别是我放弃去杭州某学校做校长的机会，是极其正确的选择，事关孩子健康成长的大事，做家长的需要有些取舍。

儿子读高中

儿子12岁初中毕业，入读瑞安中学，到高二期末时提前参加高考。两年高中生涯，儿子各方面发展都令我很满意。

儿子对理科有特别的兴趣，自学能力又很强，上高一前，因九年级下学期都在家自学，已基本上将高中三年的数学、物理、化学三科的教材看了一遍。上高一后，理科显示出较强的优势，在数学、物理、化学考试中，儿子成绩几乎每次都在班级前茅。高一第二学期时，学校组织数学、物理、化学竞赛辅导小组，儿子参加物理、化学两门学科的选拔比赛，都入围了。考虑到学业负担太重，儿子放弃参加校物理、化学小组，选择了最感兴趣的且免选拔就可参加的数学小组。后来，因数学辅导时间都安排在晚上，与儿子睡觉的作息时间有冲突，参加几次辅导后，儿子就不去了。只是在双休日，他到一位数学名师家学习了几次。2007年4月，儿子参加了温州地区高一数学选拔赛，总分获全校第二；2007年10月，还在读高二的儿子参加了全国高三数学竞赛，没获奖。

儿子的文科成绩整体上也有所提升。因学校功课表排得满满的，儿子说如果每天去学校，可能个别文科科目成绩会不行，于是像初中一样，下午干脆在家自学，以学文科为主。儿子语文相对较弱，基本上都处在班级平均分的水平；英语成绩原来只比班级平均分多3—5分，我找了英语名师对他进行辅导。儿子每双休日学习一次，学了一年，成绩就提高到班级前茅。对历史、地理科目，儿子在初中时就很感兴趣，学得还轻松，会考都得了A。

我更高兴的是，儿子身体素质有了好转。因没有参加早自习、晚自习，没有参加双休日辅导班，作业全部自主安排，儿子没有太多的学业负担，保持了从小养成的早起早睡习惯。两年来，儿子身体长得特别快，高二期末一量身高，已长到1.68米。

高二结束时，儿子报考中科大少年班且被录取，未到14周岁就提早读大学了。

儿子读高中的两年，总体都特别顺利。

一是学习相对轻松。在青春期长身体的黄金年龄，儿子因为自选作业、自学而避开了当前孩子普遍面临的过重学业负担问题，特别是提早参加高考，发挥超常进入大学，避开了高三的题海战。

二是学校给予儿子特殊的个性化学习的空间。儿子学习效率很高，真正体现了轻负担、高质量的境界，特别是形成超强的自学能力，为大学的学习奠定了坚实的基础。

三是儿子虽经历了挫折，但克服了。在两次奥数比赛失利时，我引导他果断放弃奥数这条路。这对儿子来说是较大的人生挫折，但经历一些挫折，对健全人格有好处。

四是性格发展得比较好。校长和班主任都鼓励、引导他做数学家，他信心满满，与同学相处很好，我曾经比较担心的跳级后影响他交往能力发展的情况没有出现。

女儿读高中

2008年9月，女儿入读瑞安中学，平时自己坐公交车上学。女儿性格开朗，学习勤奋，自学能力已经初步形成，总体上我很放心。

女儿读高一时，在初中阶段形成的自学能力开始显现出优势。尽管初中跳级一年，女儿在高中阶段学习成绩还是非常不错的，而且因为自学而很有潜力。为了有更多的时间自学，女儿没有参加早自习、晚自习，选择性地做些老师布置的作业，相对同龄人，学业负担比较轻。过了一段时间，女儿感觉自学效率很高，就选择周一、周三、周五到校学习，周二、周四在家自学。

语文、英语是女儿的强项，高一时依然保持优秀。数学、物理，女儿学得也扎实。女儿平时超前学习，积累了一些问题，等课间向老师提问，学习效率特别高。因化学知识点自学得不扎实，高一时她学习化学出现困难，后跟一位名师补了10多次课，成绩很快就跟上了。

我去中科大看儿子时，好几次带了女儿去。去得多了，女儿与中科大的几位教授就都熟悉了，受到很大的激励。其中张鹏飞教授是物理专业的高手，好几次跟女儿讨论物理学习方法，坚定了女儿当物理学家的理想。

女儿高一时不参加早自习、晚自习，按学校制度，每天都要写请假条并需要班主任签字，这给老师增添了不少麻烦。从高二开始，女儿决定一周去学校，一周在家自学。在家自学的内容，大部分为高三的课程。女儿在家自学时会将学习中的疑问进行整理，到了在学校学习的那一周，就抓住时机向老师请教。女儿说中午的学习效率特别高，同学们一般回寝室午休了，而她在教室自学，这段时间正是请教老师的黄金时间。我们很感谢女儿的老师，在午休时间常被女儿打扰，还总是耐心解答问题。

我们夫妻俩都要上班。女儿读高一时周二、周四在家自学，读高二时隔周在家自学，都是一个人在家。因为有远大的志向在，总体自制力较强，她把自己的学习与生活安排得井然有序。高二结束时，女儿已自学完全部高中课程。

女儿读高中的经历，让我有特别的体会：

一是自学具有神奇的力量。女儿初中阶段掌握自学方法之后，在高中表现出不一般的学习能力。女儿自学，不追求学得扎实，只管超前学习，学完高三课程之后，再通过刷题巩固提高，学习效率很高。传统的学习方法，过分追求知识点的扎实，每学一个知识点就配套大量习题，造成学习负担过重。而女儿通过自学，大大减少了低效刷题的时间。儿子读高中时自学很成功，我当时认为可能是偶然现象，现在女儿也能如此高效地自学，说明自学具有普遍规律。

二是志向会产生巨大动力。女儿的远大志向是做科学家，短期目标是考少年班，加上自学产生的成功感，学习动力十足。我感觉，女儿的高中学习，初步达到了理论界追求的快乐学习、高效学习的境界。

三是高中阶段一半时间在家自学，对自律、有志向、有自学能力的孩子来说，是可取的。非常感谢瑞安中学的领导和教师，给予女儿个性化学习的机会。如果说儿子读高中时上午到学校、下午在家自学的方式，是为了追求身体健康而有意放低学习要求的话，那么女儿一半时间在家自学，则是我们有意争取的更高效的个性化学习的机遇。

饮　料

对孩子俩的饮料，我一直提倡喝温开水和牛奶，诸如可乐、雪碧之类的饮料，除了满足好奇心喝一点，我不提倡喝。我认为这些经过加工的饮料可能存在有害物质，长期饮用不利于健康。再说，饮料价格也贵些。

我们一家人对饮料的认识比较统一，孩子俩从出生开始就喜欢喝温开水和牛奶。我家亲戚比较多，逢年过节时亲戚会送一些流行的饮料过来，我也少让孩子俩喝。凡新饮料，孩子俩好奇，我让他们喝一两罐就适可而止。

只喝温开水和牛奶的习惯，有时也受到亲戚的指摘，说我对孩子苛刻。一次，在亲戚家的酒席上，孩子俩不敢喝可乐，就有亲戚批评我。后来我们商量出新家规，孩子俩在酒席上可以喝任何饮料，但在家里要坚持约定。

一次，孩子俩做液体相关的实验，选几个杯子，分别放入可乐、雪碧和水，捉一些蚂蚁放进杯里，观察蚂蚁的生存情况，结果发现蚂蚁在水里生存时间最长。孩子俩进一步感受到"水是生命之源"的道理。

我让孩子俩接触一些关于水和牛奶的文化，讲到古人特别喜欢水，如"君子之交淡如水""上善若水"等。牛奶的广告语"草原的奶牛会说话"就做得很好，还有当时某乳制品包装盒上的广告语"有酸／就有甜／是酸/也是甜／点点滴滴都是青春滋味／我喜欢自己体会／这是我的青春/我要我的滋味"，孩子俩很喜欢读，也就喜欢喝牛奶。

有时，孩子俩会对我说某某小朋友喝可乐什么的，我说，流行的不一定都是好东西，流行感冒就不是好东西。我引导孩子，别人喝什么饮料，我们不要反对，因为每个人都有自己的生活方式。"大家都喝可乐，不是有更多的牛奶省下来让你们喝吗？"孩子俩听完都乐呵呵的。

我引导孩子俩，越朴素的东西越是好东西，朴素的生活也是好的生活，追求享受，会让成功走更多的弯路。经长期的引导，孩子俩特别自律，口味再好的饮料都不会对他们产生吸引力。

看电视

合适的电视节目内容，能增长孩子的见识。但是，因电视节目存在娱乐化倾向，许多节目并不适合孩子观看。从育人的角度看，一些节目会对孩子幼小的心灵产生危害，我称之为"电视毒品"；一些节目尽管无公害，但不会有好的影响，我称之为"垃圾节目"；一些节目，对孩子也许会有积极的影响，但成效不大，我称之为"低效节目"。

孩子俩3岁前，我家3年没看过电视。孩子俩没有接触电视节目，就没有电视的相关概念。孩子俩3岁后，我选择了央视七套（当年还是少儿频道），让他们接触动画片。我不允许孩子俩随意看规定外的节目。一次，孩子俩还想看电视，我就让他们看《新闻联播》，孩子俩没有多大兴趣。我说："好看的节目给你们看，不好看的节目给大人看。"

我母亲在我家帮忙带孩子，她喜欢看电视。我对孩子俩说："如果奶奶看电视时，你们也看，爸爸会叫奶奶回老家，到时候你们就没人带了，就会饿肚子。"看电视与饿肚子联系在一起，孩子俩都选择不看电视。孩子俩长大些，我就跟他们讲道理："看电视浪费时间，还会让人近视。人只有一双眼睛，要留着关键时候用。"

孩子俩上幼儿园后，我选择了央视十套科教频道，让他们看些科学节目。有时觉得有些节目对孩子有利，我会特许他们看。孩子俩陆续看过《西游记》《三国演义》《封神榜》《长征》及一些少儿影视片。

筷子玩具

在孩子俩2岁时，为了培养数学兴趣，我教他们用火柴梗摆数字，先摆个位数，再摆多位数。不管孩子俩摆得怎样，我都表扬。过了一段时间，孩子俩迷上了，整天将火柴梗摆来摆去。火柴梗太细，我怕影响视力，就有了"发明"：将筷子锯成段，代替火柴梗。

从孩子俩3岁开始，我教他们用筷子摆算式。先是一位数的加减算式，接着是两位数的加减算式，后来是多位数的加减乘除算式，最后是由横式变成竖式。

玩筷子的过程中，我发现儿子特别专注于数学算式，女儿习惯于看着儿子摆算式或只是配合儿子摆。我就鼓励女儿自己独立摆，可女儿对数学的兴趣不如儿子浓。我又有了新"发明"：锯一些长短不一的特殊的筷子段，让女儿摆"画"。女儿摆"画"的兴趣比儿子要浓。

孩子俩5岁时，摆的"筷子作品"已相当复杂。特别是儿子的数学算式，有时摆像"1122334455×9"这样的竖式，要摆满一个房间的地面。有时，孩子摆一个算式要花几个小时，达到废寝忘食的地步，我就让我母亲监督，中途提醒孩子休息。

孩子俩读幼儿园后，我引导他们尝试"动态算式"——在原有竖式算式的基础上，改几个数字，那么相应的算式要跟着改变。如原来是"11223344"加"5566778899"，将"8"改成"9"，那么算式都要改。平时大多是女儿随意改动数字，儿子对算式作相应改变。慢慢地，儿子改算式的速度越来越快，只见他在摆满算式的地面上跳来跳去，动作像弹钢琴一样。女儿的摆"画"水平也有很大幅度的提高。

自从孩子俩有了摆筷子的爱好，我家大大小小的房间地面上总是摆着各式各样的算式和"画"。我们有时不小心碰了"作品"，孩子俩很快就把它们恢复"原状"。我认为这样对孩子思维发展有好处，尽管房间里特别"怪"，但我也总是表扬孩子俩。有时，家里实在弄得太乱，孩子俩也会整理"作品"。我规定了一些不能摆的地方，孩子俩也都接受，将"作品"摆在他们自己的"地盘"。

客人来了，经常惊讶于"筷子作品"。许多时候，客人出于好奇会叫孩子俩表演，孩子俩的"技艺"总是赢得喝彩声，他们也就兴趣更浓了。

"筷子玩具"的优点有：一是开发智力。对数学启蒙教育和拓展思维能力发挥了极大的作用，孩子俩学龄期表现出来的聪明，特别是儿子后来的数学思维，很可能跟这游戏有关。二是好玩。三是成本低，基本上不花钱。四是安全、卫生，没有物理和化学的安全隐患，定期将"筷子玩具"洗洗，很方便。

地　图

在孩子俩3岁多的时候，我买了中国地图拼图玩具。孩子俩很喜欢，熟能生巧，很快能讲得出省份的名称和位置。我又买来世界地图的智力拼图，孩子俩同样能很快讲出七大洲、四大洋的名称和位置。

一次，我们去超市，孩子俩看到地球仪，很感兴趣，我就买了地球仪给他们当玩具。孩子俩常常拿着地球仪，或转圈玩，或装模作样地研究地理，有时还去掉支架将地球仪当球玩。

孩子俩5岁多的时候，迷上了地图册。如什么国家在什么地理位置，首都在哪里，有什么地貌特点，大致上他们都能讲得出来。后来，孩子俩自己编谜语玩，如煮熟的鸭子——南非（难飞），过不了海——波兰（拦），半岛——海地（一半海一半陆地），十个哥哥——多哥，想吃草的狼——芬兰（疯了的狼不吃肉了）。

一天，我发现孩子俩在画画，原来是在画地图。画的是"清凉村"，村里有个湖——梦幻湖，湖中有美丽岛、甜蜜岛，湖边是快乐沙滩，还有海王星路、冥王星路、水星街、土星街，路上有公交车，路边有月亮宾馆……我对此大为赞赏。

孩子俩陆续画了一批地图，有主席村、火车村、政府村、名迹村、文化村、韩都村、虹桥村、珠宝村、梅山村、姐妹村、田地村、边域村、奥运村、状元村等。最有趣的是画我的出生地埭头村，村里有陈氏旧居等。还有我妻子的出生地岑头村，村里有情人路。这些村合在一起构成瑞瑞城。孩子俩设计了瑞瑞城总地图册，在地图上让每个村都通上公交车，将每路车经过的每个站口与地图一一对应。

棋牌乐

孩子俩2岁左右，我给他们准备了围棋、跳棋、象棋、飞行棋等。飞行棋和跳棋比较简单，孩子俩很喜欢。我曾教孩子俩下象棋，或许是难度太大，抑或是规则太多，孩子俩不太喜欢。孩子俩对围棋的正统下法也没兴趣，倒是对五子棋情有独钟。

孩子俩3岁左右，下五子棋已比较熟练。我对下棋没有什么要求，全凭他们兴趣。平时孩子俩下棋，我常在旁边观看，给予鼓励和赞赏。我也常与孩子俩一起下，每次下棋时注意让着一些，先让他们赢几局，等他们高兴时再让他们输几局，一般让孩子俩在总量上赢一两局，然后鼓励他们有进步了。孩子俩输了几局心里难受，受到鼓励又高兴，这种甜酸苦辣的感受，更加激起他们的兴趣，常把超过爸爸作为目标。

孩子俩8岁多，棋艺基本上已与我持平。一次，朋友带他儿子到我家，他的小孩已读小学毕业班了，平时下五子棋很厉害。儿子提出下五子棋，朋友的儿子瞧不起小好几岁的孩子，不以为意地下了几局，结果输了，然后正襟危坐，再下几局，朋友的儿子还是输了。

在引导下棋的同时，我引导孩子用4张扑克牌算24点。儿子2岁多会用加减法，4岁多会用乘除法。女儿上幼儿园时会用加减法，在与儿子的较量中，进步也较快。一次，孩子俩较量，算了3个小时，仍不分胜负。

棋和牌，与孩子俩的童年相伴。首先，使孩子们的童年生活更加丰富多彩。扑克牌便于携带，到外做客时孩子都带着，一有空就玩起来。其次，有利于开发智力。下棋和算扑克牌，有训练思维的作用。此外，玩乐时还可以培养进取精神和良好心态。孩子们都希望自己赢，这是上进心；有赢就有输，输了之后，心里肯定难过，这是挫折教育。

上学路上遇堵车

一天上午,我带着孩子俩坐出租车去上学。

我们上车后不久,遇虹桥路堵车。原来是路面维修,一些工人将水泥路面凿开、挖泥,估计是要放什么管子。孩子俩马上要迟到了,有点急。女儿埋怨运气不好,儿子叫出租车司机往回开。后边的路已堵住,出租车司机也在骂人。

我想,不妨借机教育孩子如何面对困难。我说:"真奇怪,难道这水泥路下面有泥鳅吗?"孩子俩正急,听不懂我的话。我又说:"你们说,这么长久地待在水泥路下,泥鳅还会活吗?"

女儿说:"爸爸错了,这是在修路,怎么会有泥鳅呢?"我说:"说不定有泥鳅。"孩子俩听出我话中有话,不一会儿,会意地笑了,越想越笑。

我说,碰到今天这样的事,还是以"泥鳅"来幽默一下好。"生活中难免会碰到困难,我们都应冷静面对,看是否有解决的办法。如堵车,看看是否可绕道走,或者走回头路,今天看来没办法;也可以考虑下车,走到前面,坐另外的车,不过这样做太麻烦,前面也不一定有车,也许时间花得更多。如果没有什么办法,不如调节好自己的心态,任何事情,一急就容易有麻烦。"

过后几天,虹桥路还在施工,偶尔也会堵车。孩子俩会说些"为什么还在挖泥鳅""也许要种菜"之类的话自娱自乐。

与儿子在上学路上的对话

儿子读初中时的一天早晨,我带儿子上学。

我说:"一个父亲,带着儿子上学去。"

儿子特逗,接着我的话说:"一个儿子,拉着父亲上班去。"

我说:"我带着的可是未来的中国科学院院士啊,我高兴。"

"我拉着的可是未来的'中国教育院'院士啊,我高兴。"儿子说。他居然想出个"教育院院士"。

"爸爸也成院士了?"我问。

"儿子可以成科学院院士,父亲当然也可以是教育院院士。"

"好,好。"我说,"不过那太遥远了。你读书起得这么早,老爸也被逼得早起,以后得了什么荣誉,还得感谢你。"

儿子笑了。过了一会儿,儿子问:"如果我读书不好,爸爸还会对我这么好吗?"

"那当然,哪有父母不对孩子好的?"我说,"读书好,做父母的高兴,对孩子肯定好;读书不好,孩子还是孩子,做父母的同样会对孩子好。"

"如果我读书不好,爸爸肯定会为起这么早而后悔。"儿子说,"因为你没有得到什么,我没有什么报答你啊。"

"父母送孩子上学,不是图什么报答,这是一种责任。"我说,"只要有颗感恩的心,读书好不好也并没有关系。"

儿子动情地说:"等我长大了,我想对爸爸好。"

"好,好。"我说,"不是想对爸爸好,而是应该对爸爸好。父母关心孩子,这是做父母的责任;子女感恩父母,这是做子女的责任。"

儿子点点头。

与女儿在万松山的对话

10月份的一天，我带着12岁的女儿登万松山。

山顶上有许多蜜蜂，在我们身边飞来飞去。

女儿说："真讨厌，我爬山关它们什么事，偏来捣乱？"

我笑着说："我想蜜蜂也会说'我飞来飞去关你什么事，偏来捣乱？'"

女儿说："它们的家应该在树上，却飞到这路上来，不是捣乱是什么？"

我说："蜜蜂也会说'女孩的家在虹桥路，却到万松山上来，不是捣乱是什么？'"

女儿说："好了好了，它们只管飞，我只管走，我与它们无关。"

我又说："不，一个可爱的小女孩漫步在绿树环绕的小径上，一群可爱的小蜜蜂为小女孩唱着歌……这是多么美丽的景象啊。"女儿听完乐了。

我又说："世界就是由各种各样的物组成，生活就是由各种各样的事组成。我在窗口看风景，行人在路上看我。人总是要与外界产生联系，生活才能丰富多彩。"

女儿点点头，说："我知道了，爸爸叫我对他人好一些，对动物也要好。"

蜘蛛网

女儿读六年级的一天，我下班回家，发现孩子俩心事重重的。女儿说："我听到有同学说爸爸不会当校长，学校童话世界景区内的柏树迷宫里有许多蜘蛛网，这都管不好。他们说，幼儿园里就没有蜘蛛网。"儿子说："有的蜘蛛倒真的有毒，爸爸还是早点把蜘蛛处理掉。"

我笑了，说："你们有什么办法可以解决蜘蛛问题吗？"孩子俩想不出好办法。

我说："可以发一个通知——各种各类蜘蛛：为了还瑞安市安阳实验小学学生一个好环境，为了避免有人说校长不会当，特别是为了避免学生担心蜘蛛有毒，务必在一个月内离开学校自谋出路，可以飞到说校长坏话的同学家中去，也可以飞到幼儿园去。"孩子俩笑了。

我说："大不了用绿星卡。10天内飞离校园的，奖绿星卡3张；20天内飞离校园的，奖2张；一个月内飞走的，奖1张；1个月后还不走的，一律开除。"孩子俩笑得前俯后仰。

我问："人的耳朵是专门听好话的吗？"孩子俩说，当然不可能。

我说："我们没办法让耳朵只听好话。每个人的背后总会有人议论，有好的话，也有坏的话，听到好话自然高兴，听到坏话也不必难过。如果听到别人说坏话就难过，这是小心眼儿，为了一句微不足道的话而伤心，一般难有作为。"孩子俩都赞同。

我又问:"人的嘴巴是干什么用的?"

女儿说:"我觉得还是不要讲人家坏话好,人家听了会难过的。"

儿子说:"有时提提建议是好的,但不能乱说别人的坏话。"

我引导孩子俩:一是祸从口出,避免自己不知不觉伤人;二是"走自己的路让别人说去",不要让别人无所谓的评论左右自己的情绪。

开 门

我家在6楼,楼梯底层有呼叫门铃。客人来了,在楼下按门铃,楼上拿起话筒联系,开关一按,楼下的门会自动开。安全有了保障,但开门、关门传来的噪音,不免惹出麻烦。

一次,来客按着门铃几分钟不放,这下家里一直响着长长的尖叫声。孩子俩正在吃饭,不约而同地说:"没修养!"客人回去后,我对孩子俩说:"这不是修养问题,许多人只考虑自己想怎么干,不考虑他人什么感受,这是坏习惯。"我就引导孩子俩反思开门的学问,让他们楼道里跑上跑下,"研究"了一会儿。

我平时总要孩子俩为大人做些力所能及的事,一起外出时,开门、关门之类的事,基本上都是孩子俩做。楼下的门会自动关闭,有时门开得太大了,关门的声音很响。孩子俩注意到了,总是很好地控制着门,不至于发出太响的声音。有时,在门口碰到邻居,孩子俩会先开好门,等邻居进了之后再轻声关门,因此常受到邻居的称赞。

孩子俩在瑞安市安阳实验小学就读时常到我的办公室里来。我办公室的门可以往里开也可以往外开。一次,儿子从我办公室出去,匆忙地开了门就走,我叫住了他。儿子说:"我没有发出什么声音啊。"经我的启发,儿子明白了门往外开有危险,特别是着急地往外开时,如果正好有小孩从门外走廊上跑过,就会出安全事故。儿子回来后与女儿交流。女儿说:"当然要往里开啦。"我就表扬孩子俩,而且指出,往里开显示谦虚,如果没办法只能往外开,那也要慢慢地开。

一次,学校来了位教授,安排他住在酒店。我带孩子俩去会客后,教授送我进电梯。孩子俩特别关注教授的动作——按着电梯门让我们进。下了电梯,电梯门开了,女儿学着教授的样子按着电梯门让我先出。我表扬了女儿。儿子提出了一个问题:"出电梯时,先出去按门,还是在电梯里按门?进电梯时,先进电梯按门,还是在外边按门?"我表扬儿子会思考。我说:"开门倒是表面现象,关键要心中有他人。"回家后,孩子俩便上网查找了关于电梯开门的礼仪。

上　网

孩子俩上小学时，正值网络迅速发展。社会各界对孩子能否上网，争议很大。

我对孩子上网持开放态度。网络问题很多，但不可否认，网络也是神奇的宝藏。就算网络弊多利少，我们也不能将之列为禁区，毕竟开放的社会，对新事物是禁不住的。只是，上网确实存在风险，需要恰当引导。我引导孩子俩制订好家规：一是上网可以查资料、收发电子邮件、完成老师布置的作业，可以看科学类网站、作文类网站、新闻类网站，但不能看无关的内容；二是上网时间，一般一次不能超过半小时；三是单独一人不能上网。

孩子俩常对我说，某某同学上网聊天什么的，我总是教育孩子：人的时间和身体健康是最宝贵的，上网聊天既浪费时间，又影响身体健康，是很不划算的行为。我说，有人将网络说成是"精神鸦片"，可见网络使用不好为害不浅。孩子俩很赞同我的意见。

关于网络上的"黄"毒，我对孩子俩解释清什么是"黄色"，有什么危害。孩子俩特别自律，有时不知不觉中网页上出现些不健康的内容，都会说"毒品"来了，迅速处理。

我平时也都努力做好孩子俩的榜样，没有任务一般不上网。有时，我会在网上看些新闻，孩子俩看到了，会劝我少看网络新闻，觉得还是看报纸好。

  后来，因孩子俩总体自制力比较强，我对他们上网行为也就没有特别管理了。

雨水叮咚响

我家刚搬到瑞安市区虹桥路时,这区块许多房子都漏水。刚买的新房子就漏水,我心里着急,我父母也埋怨开发商。

孩子俩8岁那年,我家客厅里漏水。每当下大雨时,客厅里就得摆着脸盆、水桶。孩子俩也埋怨起来了。我想,一时没办法解决问题,与其着急埋怨,不如换个角度看问题。我说:"我们从农村搬到城里,就算房子漏水也已经很不错了。再说,你急也没有用。"我引导孩子俩开心起来。孩子俩喜欢玩水,当脸盆、水桶里盛满水时,争着倒水。

孩子俩9岁时,女儿的房间也漏水了。有一次夜里,水滴到床中央,棉被都湿了。我父亲在天花板上用图钉钉了些尼龙纸,将雨水引到床边,再用水桶接着。夜深人静时,雨水叮咚响,修了几次都无济于事。这时,儿子房间漏的水也顺着墙壁而下,经过床边。我父亲也用尼龙纸做了同样处理,免得棉被淋湿。我对孩子俩说:"你如果认为这是坏事,那么心情就会不好,可水不会因为你心情不好就停止。"孩子俩问:"该怎么办?"我说:"调节好心态。"

一次大雨过后,客厅、房间里摆了好几个脸盆和水桶,叮咚作响。我说:"古代文人都很喜欢雨水,'好雨知时节,当春乃发生'……我们也是文人,我们也喜欢雨水。"我们就按照《泉水叮咚响》的旋律,一起敲着脸盆唱着自己编的歌——"雨水叮咚、雨水叮咚、雨水叮咚响,穿过了屋顶、穿过了墙壁,来到我身旁,雨水呀雨水你到哪里、你到哪里去?带着我的烦恼、流向他乡。请你带上我的问候……"场面真有点诗情画意。

后来,我找人对屋顶进行了修补,才解决了问题。孩子俩常常回忆起漏水的事来。每当这时,我总是表扬孩子俩懂事,特别表扬孩子俩心态好,碰到困难也不烦恼。孩子俩受到表扬后,以后碰到其他困难,也都会努力调整心态。

诗意童年

我外甥彬刚转学住到我家的一天,家里来了客人,我陪客人喝酒至下半夜。第二天,妻子埋怨我不好。我自知理亏,拉着彬吟了一首诗:"杨梅依酒尽,红霞伴脸生。楼上咚咚响,脚下呼呼声。"这首诗写的是当时喝杨梅酒的情景。"楼上咚咚响",指老鼠声音;"脚下呼呼声",指楼下的人家都睡觉了。彬说:"题目呢?"我说:"冬趣。"

孩子俩最先接触的诗词中就有这首《冬趣》。因孩子俩背的诗中有爸爸的诗,所以从小对诗特别有兴趣。

孩子俩读小学后,我常即时即景作些诗助兴。孩子俩7岁时,我们一家人去上海过年。一天,我们到豫园去玩。豫园人很多,我们好不容易找了个茶座,买了些糕点。我吟了一首诗:"一壶绿茶香,两片豆腐干。豫园人气旺,生活奔小康。"

诗作多了,孩子俩有时也与我一起写。一次,一家人在下五子棋,两个孩子吵了起来。解决了他们的问题之后,我吟了两句诗:"黑白看分明,落子比输赢。"第二天,孩子俩添上了两句:"若是分不清,当心输多盘。"此诗题名《下棋》。

孩子俩10岁时,我们一家人去洞头海岛玩。看到岛屿都被桥连在了一起,一家人你一句我一句地写了一首诗《洞头》:"海水起波浪,沙滩放光芒。五岛喜相连,洞头好风光。"

儿子小学毕业时，写了一首《离母校》："本人将要离母校，只见老师泪满面。东方明珠高千米，不及老师送我情。"我表扬了儿子，但指出了诗中的问题，如"为什么老师也哭了""为什么写上海的东方明珠"。后来儿子修改了一下诗："学子将要离母校，离别之情在心田。隆山宝塔高百尺，不及老师育我情。"

孩子俩小时候很喜欢这些"自家的诗"。尽管诗作并不多，却让他们感受到了家庭的和睦，体会到了生活中的"诗情画意"。有时，孩子俩吵架了，我就说："爸爸考考你们。"然后背了一首自作的诗，问孩子作者是谁。孩子还在生气，会说"李白"。过一会儿，我又问一次，孩子说"诗人老爸"，他们乐了，事情就解决了。这样一来，吵架也带有"诗意"了。

2005年，孩子俩编了一本"诗集"，记录了记忆中的诗作，并为诗作加了注解。我说："还缺序言和作者介绍。"第二天，诗作中多了作者介绍："我们两个双胞胎，出生时间差一分。我们之父陈钱林，他是当代大诗人。"

考研风波

在孩子俩10岁那年，英语基础极差的我与几位同事一起，抱着碰碰运气的态度，报考了浙江师范大学的教育管理专业硕士。

我平时习惯于将大人的事告诉孩子俩，觉得可以丰富孩子的人生阅历。考研是大事，我就把报考的事与孩子俩说了。报考后的两个月时间里，晚上我常在家复习。孩子俩会说几句"祝爸爸能成功"之类的话。我也常说"我已复习了不少内容"，以回应孩子俩的关心。

考试过后，孩子俩问长问短。我说，我英语太差了，肯定没希望。他们有点难过。接下来的1个月时间内，孩子俩总是不断地问结果出来了没有，于是我就表扬他们会关心长辈。

漫长的等待之后，结果在意料之中，我因英语太差而落榜。女儿当场就流了泪，儿子问了些"会不会改错"的问题。我忽然觉得这是对孩子俩进行挫折教育的难得时机。我与妻子商量，由我装着很失落的样子，妻子引导孩子俩做我的思想工作。

当天晚上，孩子俩又跟我谈落榜的事。女儿问："爸爸难过吗？"我不说。儿子说："爸爸现在有工资了，考不上研究生没什么关系。"我吟了一首打油诗："英语十五分，却考研究生？天鹅上云霄，蛤蟆羞见人。"

孩子俩说，爸爸写诗了，说明爸爸不难过了。等记下来一读，他们说:"这是爸爸说自己考不上研究生无脸见人。"我说:"对了,老爸无脸见人。"

接下来的几天,我一回家,孩子俩就过来劝我,我一声不吭,听着他们做思想工作。有时,他们说改卷的老师瞎了眼;有时,他们说我考上研究生也没有用;有时,他们劝我明年再考;有时,他们想不通爸爸英语怎么这么差。我发现,孩子俩仿佛一下子长大了。我暗喜不已。

过了几天,妻子说孩子俩心情太沉重不好。一天下班回家,孩子俩又做我思想工作。我说:"人总是要经历失败的,失败乃成功之母。"孩子俩说:"爸爸明年再考吧。"我说:"爸爸英语太差,明年也不考,人生有很多条路,老爸不选研究生这条路了。"

我又写了一首打油诗:"天鹅高飞尽,黄鱼入海深。清水捞明月,圆镜成碎片。孙山回头望,病树枝头春。老马终识途,抬头奔前程。"孩子俩讨论,"爸爸属马,老马指爸爸","抬头奔前程"说明爸爸不难过了,欢呼起来。

书香家园

孩子俩婴儿期，我家住在塘西村的落地房里。新房共4层，我将第四层的前后房间都安排为书房。我常带孩子俩上4楼玩，有时他们找些喜欢的书，带书到2楼、3楼卧室看，过段时间把书送回4楼的书房，类似于到图书馆借书。

一天，儿子奶声奶气地告诉我，在书中找到了许多"字的一家人"，如称大字号的"瑞"为爸爸，小字号的"瑞"为儿子。这对两三岁的小孩来说，可是重大发现！不久，我又惊喜地发现儿子喜欢上了数字，他天天看书的页码，不时还找出一些数字的规律来。

孩子俩4岁时，我家搬到瑞安市区。新家面积140多平方米，为复式房，楼下是厨房、客厅，楼上有4个房间。搬家前，我对房子重新设计，特别在楼上设计了一个书房，还将书房上面的阁楼开辟成藏书室。我还在孩子俩的学习室各配备了小书架。孩子俩非常高兴，将学习用书放在自己的书架上，还不时在书房里选择喜欢的书，然后拿回来放到自己的书架上。

一天，我带孩子俩到离家约200米的新华书店买书。孩子问："为什么我们家离书店这么近？"我说："爸爸从小想看书，可当时农村里没书，现在将家搬到新华书店旁边，这是爸爸对书的特别情结。"孩子俩似有感悟，为父母无书的童年流露出惋惜的神情，表示自己一定多看书。

我睡前有看书的习惯，床头常常堆满了看完的书。一天早上，我刚睡醒，孩子俩站在我床前，带着哭腔说："爸爸不要当和尚……"我吓了一跳。原来，那段时间我正在看佛教类书籍，孩子俩白天到我卧室看到了，才有了担心。我笑了，搬出关于道教、基督教的书，对孩子俩讲了宗教与文化的知识。之后，我反思，大人的言行对孩子的影响是不可估量的。有小孩的家庭，家里所有的摆设都应该以孩子为中心。我还寻思着，何不以床头书的形式引导孩子阅读呢？此后，我在正面引导孩子看书的同时，常常将希望孩子看的书也放在自己的床头，让孩子"偷看"到"爸爸也在看这些重要的书"。特别是儿子，因读中学时半天在家自学，有足够的自由时间看书，因此受我床头书的影响相对较大。一般孩子不会看的一些书，如《论语别裁》《南怀瑾讲演录》等，儿子都翻过。

我妻子也有看书的习惯，她订阅的《读者》《微型小说选刊》《儿童文学》等，孩子俩也喜欢看。后来我特意将《读者》和《报刊文摘》放在楼下的客厅，客厅也有了书卷气。孩子俩平时在楼上学习，下楼休息时，随手翻翻，不经意间都会有些收获。

书香家园所营造的氛围，无形中给了孩子俩成长的动力。一次，我带女儿到朋友家玩，朋友家面积很大，装修豪华，女儿有点羡慕。回来后，我开玩笑说："要不爸爸跟他们商量一下，将房子交换了？"女儿说不行，原因是他们家的书太少。

受家庭书香的熏陶，孩子俩学习习惯、人格发展等都令人满意。经书香洗礼，孩子俩心地善良，心态平和。因为有书，孩子俩更加喜欢自己的家。

与女儿秋夜听蝉

七年级上学期期中考试刚结束,女儿到我办公室时心情不好,说自己考得不理想。晚餐后,我拉着女儿在校园里散步。校园很美,一步一景,秋高气爽。女儿对我说些考试题目,我对她做些安慰。

忽然,我们听到校园棕榈树丛中传来蝉鸣声,在夜色苍茫的静谧的校园中,显得十分清脆响亮。女儿说,这声音有点像体育老师的哨子声。一会儿,蝉鸣声响成一片。我问,这又像什么?女儿说,像交响曲,像红军跟敌人打仗时的呐喊声。

女儿刚看过《昆虫记》,说蝉的一生要在地下生活4年,钻出地面后只能活5个星期左右。我倒不太了解这些事,表扬女儿知识面广。

忽然,女儿说:"蝉就要死了,叫也白叫,还是死路一条。"

我说:"蝉不叫也要死,为什么不叫?"

女儿说:"叫也没有什么价值,不如不叫。"

我说:"怎么没有价值?它叫着,让一对父女听到了,多了些话题,也许还能给人启发。蝉若不叫同样会死,与其默默地死,不如好好地把握,尽管生命短暂,但不也很悲壮吗?"

我忽然觉得,这是引导女儿调节心态的契机,就与她聊起了古人借物抒情、托物寄情的事。我说,北宋词人柳永写了《雨霖铃》,借秋蝉表达内心的忧伤;南宋诗人徐玑写了《秋行》,说秋蝉声听起来像古筝声。人的心情不一样，对蝉声的感受不一样。我说，人生很短暂，不宜学柳永，还是学徐玑，拥有一份好心情，就会更幸福。

女儿似有感悟。过了几天，老师布置征文比赛，女儿写了篇《秋夜听蝉》：

> 放学了，我垂头丧气地走进了爸爸的学校，沉甸甸的书包里塞着我满怀的忧愁，还有那一张张挤着红叉的期中考试试卷，似乎要把我整个人，连同我的心在内，都重重地压下。
>
> 吃过晚饭，爸爸见我心情不好，就带我到操场上散步。
>
> 天色渐渐地暗了，云却很白，白得像我的试卷；云又如同我的心一般碎了，飘过去把月亮遮得若隐若现，更朦胧了。远处的棕榈树，一排排的，阴森可怕，像一把把巫婆的扫帚；树枝间的缝隙里好像有一双双眼睛，对我虎视眈眈。
>
> 忽然，棕榈树丛中隐隐约约地传来奇怪的声音。爸爸惊奇地带我朝那边走去。近了，更近了，它像工厂的车床传出的噪音，像大热天体育老师的哨子声，像悲伤的女孩向布娃娃哭诉着不幸的声音，听了让人难过，也让人心烦。
>
> 爸爸说，这就是蝉的声音。
>
> 蝉的一生要在暗无天日的地下生活4年，而钻出地面后只能活5个星期左右。我肃然起敬，蝉的欢乐时光竟是如此短暂，但它把握住有限的时间，唱出了生命的最强音。
>
> 蝉仍然鸣叫着。我觉得好听多了，像一位歌星在舞台上唱着浑厚的男低音，像一位考上理想学校后的学生在高兴地

笑，又像新生儿的啼哭声。

爸爸和我谈起了古人写秋蝉的诗词。如北宋词人柳永的《雨霖铃》："寒蝉凄切，对长亭晚，骤雨初歇……多情自古伤离别，更那堪，冷落清秋节！"词人借秋蝉表达内心的忧伤。又如南宋诗人徐玑的《秋行》："戛戛秋蝉响似筝，听蝉闲傍柳边行。小溪清水平如镜，一叶飞来细浪生。"他因为心境好，所以觉得秋蝉声听起来像古筝声。

我们在操场上转了几圈，正准备离开，又听见一阵阵响亮的声音。我们赶紧过去，原来是一群蝉在高唱。我仔细地听着，它们像在唱贝多芬的《命运交响曲》，又像在唱冼星海的《黄河大合唱》，又像爵士鼓乐队在演奏，又像在发出运动会时操场上的加油声，又像划龙舟时运动员喊出的"哟嗬"声，又像抗日战争时期八路军千军万马上战场时发出的喊杀声。我不禁对坚强的蝉产生钦佩之情。

我忽然想到以前听过的《秋蝉》歌："听我把春水叫寒，看我把绿叶催黄……展翅任翔双羽燕，我这薄衣过得残冬……春走了，夏也去，秋意浓，秋去冬来，美景不再，莫教好春逝匆匆。"

我想起了爸爸的话：人生短暂，我们不应该再将有限的时间用于悲伤！

月亮钻出了云层，皎洁的月色使校园显得亮了许多。棕榈树像一群群少女的时髦的头发，异常美丽。视野中的一切组成了一幅秋夜风景画。

我完全陶醉在这如诗如画的和谐世界中，许久才缓过神来。我忽然醒悟,要求爸爸早点带我回家,我得抓紧时间学习。

我表扬了女儿,并把文章发表在我的博客上。同时,我借机教育她正确面对困难,要在克服困难中享受生活的乐趣。有些老师看了我的博客,碰到女儿都夸她文章写得好,女儿受到激励,信心十足。

空间和时间都是圆

2007年五一期间，孩子俩说发现了宇宙的秘密。

儿子说："宇宙由无限空间和无限时间组成，我们原来总想不通宇宙是什么样子的，今天突然明白了是怎么回事。"我大为惊奇。

女儿说："我想，宇宙有可能是个圆。书上总是说，宇宙是无边的，这怎么会无边呢？有可能宇宙是个大圆，圆当然无边。"

我说："如果宇宙是个圆，圆外边会是什么？"

女儿说："这圆怎么会有外边呢？宇宙是超出三维空间的，人是无法感觉到的。以前人们都认为地球是无边的，后来人们不是证明地球是圆的吗？当时，人们是无论如何都想不通的，现在不是真的吗？"

儿子说："爸爸是凡人，当然想不通了。宇宙是由空间三维加上时间一维构成的，人是无法凭经验感觉的。在地球上，飞机一直往前飞，会飞到出发点；以前曾有人在大洋里开船，一直往前开，后来又回到原来的地方。所以我觉得姐姐的猜想有可能是真的。"

我表扬孩子俩的大胆猜想。

女儿说："我还认为，时间可能也是个圆。往前算，很久很久以前，好像没有尽头；往后算，很久很久以后，好像也没有尽头。我想，也许时间本来就是一个圆，正像地球一样，一直往前，就又回到原来的地方。"

我说:"这倒好,像金字塔是怎样建成的这些问题都可能得到解决了,原来是我们的后人建成的,他们比我们聪明。"

儿子说:"后人建的怎么现在已经有了呢?"

我说:"你们不是说时间是个圆吗?后面的时间,转个圈不就是前面的时间吗?"

儿子说:"这倒是个问题,所以只是猜想而已。"

我说:"你们长大后去证明,宇宙的空间是个圆,宇宙的时间也是个圆,两项证明双双获得诺贝尔奖,让爸爸也风光风光。"

孩子俩说,实际上这是不可能被证明的。

我说:"不一定。人们对科学的认识,都是从不可能到可能的。如果证明不了,你们提出猜想,让后人去证明。到时候,也许全世界科学家都在研究空间猜想和时间猜想,正像现在数学家研究哥德巴赫猜想一样。"孩子俩乐了。

我说:"最好以后让你们的孩子证明这猜想,啊,陈家子孙太伟大了!"

孩子俩乐得大声欢呼。

拜访院士

2008年6月,中国工程院钟山院士等4位院士,在瑞安市安阳实验中学参加航天科技教育活动。我与安阳实验中学校长联系,请院士也到安阳实验小学考察。我想如果能让孩子俩也见见院士,可就太好了。抱着试试看的心理,我与钟山院士联系,希望晚上能安排一点时间。想不到,钟山院士答应了。

我带孩子俩提前到了酒店。晚上7点30分,钟山院士如约来到酒店的吧台。孩子俩非常兴奋地与院士爷爷握手,向他致敬。

钟山院士了解了孩子俩勤奋好学的情况后,说要成功,关键要做到四点。一要有信仰。只要有信仰,就不怕失败,失败是成功之母,这条路失败了,还有那条路,毕竟条条大路通罗马。有创新就会有失败,但要坚持,要相信自己的感觉和判断。二要勤奋好学。不好学的人,不会有积累,就不会有什么感觉和判断。三要创新。创新有原始创新、集成创新和再创新。如集成创新,就是把许多复杂的原始创新集成在一起,像航天科学,就需要力学、化学、生物学等学科合力创新。再创新,就是在前人的基础上加上自己的新发现,如牛顿运动定律,后来被爱因斯坦完善。四要会做人。只有人品好,才可以做学问,才可能有朋友,才可能集中全部精力,才可能有成就。

钟山院士说到牛顿定律被爱因斯坦完善时,儿子插话说,"爱因斯坦也会被后人超越的"，由此受到钟院士的表扬。

当我介绍孩子俩都尝试自学时，钟山院士说："自学好，自学能力越早培养越好。"人不能一辈子总带着个老师，到了20岁后都要靠自学。他说，自己快80岁了，60年来都是靠自学的。自学就是读书，读书要先把书读厚，遇到问题要及时记录、及时解决，读不懂就要再读1遍、2遍，读了100遍，就会读懂；再把书读薄，从薄到精，把一本书的主要内容概括成一张纸，甚至几个字，别人背一本书，你记一张纸，你就具有优势，就能灵活运用。他鼓励孩子俩说："当前诺贝尔奖还没有中国人获得呢，等着会自学的人去争取，你们小小年纪坚持自学，这诺贝尔奖就靠你们这些人了。"

女儿看到院士，眼睛都闪着光芒，一连问了几个问题。

女儿问："有没有可能造一种有吸引力的飞船，使宇航员在太空中也能感受到重力？"钟院士介绍了失重的问题后，说以后有可能会研究解决这个问题。

女儿问："能不能用一种比较轻的磁性材料，使宇航员不会失重？"钟院士说，这还是有可能的，用电、磁，能解决失重问题，特别是在小范围内。如一艘飞船，甚至在像今天的酒店这么大空间范围内，还是有可能解决失重问题的，但是在更大的空间就非常困难了，因为这需要巨大的能量。

女儿问："宇宙飞船上都有太阳能电池，能不能推广到人类的日常生活中？"钟院士说，现在科学家正在努力，太阳能利用前景非常可观，太阳能、风能、潮汐能中，前景最好的就是太阳能。

女儿问："每年都有地震，或大或小，能不能把地震的能量用来发电为人类造福呢？"钟院士说："地震的能量太大了，如果能用起来，就真不得了！汶川大地震，损失这么大。现在对地震的原理研究还不够深入。"这时儿子插话说："日本地震前5秒钟有预报，也算是世界先进的了。"钟院士表扬儿子关心世界大事。他接着说，人类对地球内部的构造了解得太少了，就像看人只看到皮肤一样，人类还需要把握规律，把有害的转为有利的。

钟院士再次表扬孩子俩会思考，孩子俩激动不已。道别了院士，他们一路上谈论感受。儿子说："我一定要学好科学，如果有机会，选学地球物理。"女儿说："我也要当科学家。"

童年的伙伴

1991年，读小学三年级的外甥彬厌学，无计可施的姐姐把彬转学到塘下镇并让他住到我家里来，一直到初中毕业彬都住在我家。孩子俩出生后，因我父母过来带孩子，我外甥女洁、侄儿浩、侄女智也陆续转学住到我家里来。这4个孩子是孩子俩最亲近的伙伴。

外甥彬上初中时逐步变成优秀生，成为孩子俩的榜样。孩子俩2岁时，彬的小发明作品获奖。孩子俩3岁时，彬考上瑞安中学。彬读高二时，我家搬到瑞安市区，彬又住到我家里来。这时，彬不仅成绩出色，还是学校小发明协会的会长，并被评为浙江省青少年英才。孩子俩读小学时，彬高中毕业考上大学。彬的特点是爱动手、爱学习、爱探究。对孩子俩来说，彬是个好学的典型。孩子俩从小做的游戏很多与彬有关，如小时做小发明比赛得奖的游戏，读小学后做的关于考大学的游戏，都受到彬的影响。2006年下半年，中国机器人大赛暨首届RoboCup中国公开赛在苏州举行，彬作为上海交通大学的研究生代表之一，参加了比赛。当时，中央电视台现场直播。孩子俩老早坐在电视机前，不断地与彬发信息联系。

孩子俩出生时，侄儿浩6岁，在上小学，住到我家里来。我家搬到瑞安市区时，他也转学到市区，一直到初中毕业都住在我家。孩子俩跟浩关系特别好。他们从小一起做游戏，浩发挥了领头人的作用。有时孩子俩有纠纷了，都由浩来解决。浩的优点是对长辈特别孝顺，从小跟着他奶奶，所以对奶奶特别好，这点也影响到了孩子俩。刚转学到市区学校时，浩受同班同学欺负变得有点消沉。之后有段时间，浩读书不是很认真，为此我花了很多的心血，常常做他的思想工作。有时他会被我批评得流泪，孩子俩常常在旁边观看，也在旁边陪着流泪。浩读高中后住校，成绩有进步了，会到我家里来报喜；成绩退步了，不敢来我家，我就打电话给他鼓励。孩子俩12岁时，浩考上大学。上大学后，浩变得特别懂事，常常打电话来对我们嘘寒问暖，我就常常表扬浩情商高。一次，有位外宾到大学访问，学校安排浩接待外宾两天，由浩一人带客人到上海。浩正月到我家后说起此事，孩子俩也受到激励。2008年暑假，浩到英国留学，这也激发了孩子俩的留学梦。

外甥女洁比孩子俩大10岁，读小学三年级时住到我家，一直到初中毕业都住在我家。她从小喜欢画画，我家里总少不了她的作品。她学习特别认真，从小就被我立为好学榜样。孩子俩7岁时，洁考上了师范学校艺术班；孩子俩11岁时，洁大学毕业成了公办教师。洁以一技之长当了教师，受到了亲朋好友的称赞，自然也对孩子俩产生了很好的影响。

侄女智比孩子俩大4岁。我家搬到市区时，她读二年级，转学到市区。智学习也特别认真，从小成绩就拔尖，每个学期总会获得各种奖励，所以她从小也是孩子俩的好榜样。智的自理习惯特别好，上学、放学都是自己独立往返学校。孩子俩11岁时，智考上了瑞安中学。

双胞胎孩子可以互相做个伴，加上家里还有好学的哥哥、姐姐，良好的家庭教育氛围给了孩子俩以滋养。"大集体"还让孩子俩锻炼了交往能力，也使他们在做人方面有了更多的实践机会。

儿子入读中科大少年班

儿子小学跳级后，常有朋友推荐儿子长大后读少年班。瑞安乡贤蔡笑晚先生的二儿子蔡天武与小女儿蔡天西读的就是中科大少年班。儿子从小也有读少年班的愿望。只是，他刚读高一时身高不到1.5米，我将身体健康摆在第一位，没打算再让他提早读大学。

2007年高考期间，读高一的儿子在网上找高考试卷看。看到数学高考试卷，他试着做了一下，高兴地说那些题目基本上都可以做得出来。我非常兴奋，找了理科综合试卷，儿子做了后说物理、化学部分不难，但生物部分还没有接触。我随口说：明年报考少年班。事后，我了解了中科大少年班的情况，发现入学非常难，每年只招40人。我觉得这对儿子会有压力，就说还是不考了，等2009年参加高考。

11月，儿子综合名次有所提升，会考模拟考试中，物理和化学满分，英语92分，老师特别表扬了他，他说想报考少年班。我考虑到儿子年龄小，如果有机会读少年班，同学都是同龄人，倒是有利于与同学交往。我同意儿子报考，只是提出两个要求：一是每天锻炼一个小时并加强营养，二是每天晚上学习一个小时。儿子同意了。

报名后，儿子列了学习计划。他说，数学、化学不怕；物理、生物，只要把下学期上课的内容学完就可以；英语正好要会考，会考考好了，高考也能考好。儿子对语文有点担心，每次考试都是平均分左右。他到新华书店买了语文高考复习用书。他说，会考结束后就集中精力学语文，争取几个月内将基础部分内容补上。我赞赏儿子的安排。

过了几天，儿子说也许能考上中科大少年班。他说，数学争取考145分，理科综合考280分，英语考130分，语文考100分，总分可达655分，比上一年复试分数线627分高。他说，如果参加复试，考的是数学、物理、英语，正好都是他的强项。我说，那好，考上后我们全家一起庆祝。

又过了几天，儿子说也许考不上，主要是自己学的是新课程教材，而考的内容是老教材，内容不同。我说，那好，考后我们全家一起庆祝。儿子问："考不上还庆祝？"我说："为什么不？你迟一年参加高考，身体长得更好点，家人更放心；参加少年班录取考试有了经验，2009年在考场上你就是老手，也许清华、北大都能考上呢！"

2007年底，我带着儿子去上海请教蔡笑晚先生。蔡先生拿了几个题目让儿子在书房里做。十几分钟后，儿子出来了，想不到题都做对了。蔡先生感叹儿子的实力，说这几个题目是中科大少年班往年入学招生考试的题目。蔡先生建议儿子一心一意考少年班，他说："少年班比北大、清华都要好。"回家后，儿子信心大增，我也坚定了让儿子读少年班的愿望。

高考前，考虑到儿子语文相对薄弱，我与班主任苏香妹商量，苏老师请同事帮忙，于是儿子到她家补习了一段时间的语文知识。儿子反映效率特别高，感觉对语文也有把握了。

2008年6月7日、8日，读高二的儿子提早参加高考。第一场考语文，儿子说难度一般，特别是作文题目"触摸都市"或"感受乡村"，儿子选"触摸都市"，写了自己几次到上海过年时的感受，不是很难写。他说，阅读题是小说题材，自己高二的选修课正好是小说，这题目很适合自己做。

第二场考数学，这是儿子的强项。儿子说难度很大，本来送分的第一道题目就有点难，后来他采取做一题检查一题的策略，可惜做到最后一题的第二步时间不多了，题目又较难，就放弃了这题，重点检查填涂答题卡情况。他说，像这样的试卷，太难了些，一般同学可能会感到吃力，好在自己曾经参加过高三数学竞赛。

第三场是理科综合，儿子在物理、化学方面学得比较好，因未系统学过生物而有点怕。考后，儿子说试卷不难，生物考得很好，只是物理失手了，主要是策略出了问题。他红着眼睛说，试卷上第一个题目较难，他想也许会跟数学一样考得很深，也采取做一题检查一题的策略，想不到越做到后面发现难度越低。最后时间不够，只有15分钟时，还有3道大题目没有做，匆忙应对，他做对了两题，估计有一题会出错。他说，这道分值16分的题目，一点都不难，如果再有5分钟肯定能得分，或者前面的选择题稍微省下一点检查时间，这16分也太容易得了。我劝他说，失算的事是难免的。

最后一科是英语，儿子说试卷"太浅"，做好后检查了3次，作文都打草稿，抄好后还有半个小时。

6月9日，儿子到学校估分。下午3点多，儿子给我打电话，带着失望说："爸爸，没希望了，590分都不到……"我劝他说："没关系，你难别人也难，考不好了明年还可以考。"回到家，儿子说："问题出在理综，那么容易的题目也错了……"我妻子重新算了算估分，有603分。儿子再次估算，果真算错。我详细看了标准答案，发现儿子估算得有些严格，好几个题目还有可能得分，估算分数在603—633分。老师都说2008年题目比上年难，重点线有可能会比上年少20—40分，这下儿子乐了。

接下来几天，儿子继续学习。6月21日，重点线出来了：理科550分。6月22日晚7点，我拨通了查分电话，得知分数：语文107，数学138，理综261，英语128，总分634。这比重点线高出84分。我们全家欢呼了起来。之后，儿子参加了中科大少年班的复试，被录取。

2008年8月，14岁的儿子开始了大学生涯。儿子平时睡觉较早，如果马上住校，免不了受同学影响。于是，我在中科大校园内租了套两室一厅的教工宿舍，请我父母陪读。考虑到独立性，儿子除了睡觉，平时都跟同学们生活在一起。读大三时，我父母回瑞安，16岁的儿子一人住校，开始独立生活。

女儿入读南方科技大学首届教改实验班

女儿初中跳级后，目标也是读中科大少年班。女儿的志向是当科学家，她说，读少年班是目前走向科学殿堂最好的路。有了少年班目标的引领，女儿自学非常勤奋。因为中科大特别看重物理与数学，所以女儿在物理与数学上自学得特别用功。

2009年底，读高二的女儿报考了中科大少年班，着手准备高考。2010年正月，我参加时任中国人民大学附属中学校长刘彭芝的培训班。刘校长请中科大老校长朱清时院士在培训班上讲话。当时，朱校长已经从中科大退休，出任南方科技大学（简称"南科大"）创校校长。我第一次听到南科大的理念。我就用手机拍了朱校长发言的照片，写上"听朱校长介绍南科大理念"这些文字发给女儿。回家后，女儿已查阅了网络，说南科大会办得不错，如果马上招生，还是值得去读的。

2010年6月，女儿参加了高考。因为毕竟才用4年的时间自学完成初中和高中6年的课程，女儿尽管取得高分，但因少年班录取分数线比重点线要多出70来分，女儿没有资格参加少年班复试。不过，我倒是很高兴，看到女儿的高考成绩远远超过预期，估计读完高三，上浙江大学是没有问题的。

女儿开始觉得很遗憾，后来想到爱因斯坦16岁时考瑞士联邦理工学院也落榜，努力了1年后，才考上了这所理想的大学。女儿说，自己也是16岁落榜，1年后可再考中科大，想着与爱因斯坦经历相似，从而增强了信心。

7月份，传来南科大提前招生的消息。女儿说，南科大的办学模式与中科大少年班一样，又是中科大老校长朱清时院士当南科大校长，这肯定不会比中科大少年班差，要么就读南科大。对此，我表示支持。女儿写好自荐材料《我的科学理想》。尽管我平时也知晓女儿想当科学家，通读这封自荐材料后，我还是被女儿追求科学的"热血"感动，坚定了支持女儿研究科学这一志向的决心。

想不到原定8月份的招生最后没了消息，女儿只好继续读高三，主要是复习高考资料。这段时间，因为学校的课程都学过了，女儿基本上在家自学。

11月份，我正在上海参加长三角校长脱产培训。女儿说南科大又招生了，她决定要报考。我特地赶回家，与女儿深谈后，表示支持她。

2010年农历年底，我们接到了南科大笔试的通知。在武汉、深圳、北京3个考点中，我们选择了北京，寓意"进京赶考"。考点在人大附中，我陪女儿参加笔试。笔试考物理、数学、英语。女儿发挥正常，取得了好成绩。不久后，我们接到面试的通知。我陪女儿去位于深圳的南科大启动校区。女儿从小热爱科学，知识面广，性格又开朗，面试轻松过关。2011年正月初六，女儿收到南科大的录取通知。

南科大首届教改实验班是自授文凭，我也吃不准到底好不好。按照女儿的学习实力，她学完高三课程考上浙江大学应该没问题。但女儿下决心要读南科大，我尊重她的意愿。

2011年2月27日，我们夫妻俩陪女儿去南科大报到。3月1日早晨，首届教改实验班的45名新生，前往广州黄埔军校旧址，开展为期半个月的军训。16岁的女儿开始了独立生活。

家教方法

家庭教育很难，难在每个孩子都不一样，教无定法。

但是，教育是有共性规律的。

我到了50多岁时，感觉把教育看得通透了。

我相信，自律、自学、自立是儿童教育的本质所在。

自律素养

自律，指习惯自律和道德自律，重点抓习惯。

习惯教育有关键期，婴幼儿阶段是黄金期，小学低段是白银期。

家规＋评价，是引导自律素养的有效方法。

习惯教育有关键期

良好的习惯，是健康的根基，是好性格、高情商的根基，也是学习好的根基。有教育家认为，养成好习惯就像在银行存款，我非常认同。好习惯，可以让人一辈子收到利息；而坏习惯就像在银行贷款，是要付出代价的。

习惯教育有关键期。我认为，婴幼儿阶段是黄金期，小学低段是白银期，小学高段还可以有所作为，等到青春期再抓习惯教育就要付出加倍的努力，并且往往是木已成舟、徒留遗憾。很多专家都认同我的这个观点。

婴幼儿阶段是习惯教育的黄金期

在婴幼儿阶段抓习惯教育，就像在一张白纸上画图，可塑性特别强。刚上幼儿园时，孩子面临全新的成长环境，加上集体规则的约束和教师的严格管控，习惯会得到全面检验与重塑。

年轻的家长往往忽视了习惯教育的黄金期。有的是因为初为父母，家里突然多了些忙不完的事，手忙脚乱的，来不及思考家庭教育；有的是因为误把家庭教育看成是知识与技能的学习。

实际上，如果重视了婴幼儿阶段的习惯教育，并使其形成良性循环，育儿也不至于手忙脚乱。知识和技能固然重要，但等上学时再学也来得及，甚至等到读大学时、参加工作后都可以再学，而错过了习惯教育的黄金期，那是什么知识和技能都换不来的。如果养成了良好习惯，知识与技能的学习也会更顺利。

我家孩子俩的习惯教育，从乳儿期就开始了。我的想法很朴素，希望在坏习惯形成之前，把好习惯教给孩子。这时候的良好习惯培养，主要归功于我母亲和我妻子。我母亲对乳儿、婴儿的养育很有经验，什么时候该吃，什么时候该睡，很有规律。比如良好的大小便习惯，在大致把握了规律之后，我们基本上就很少给孩子用尿布了；比如睡觉习惯，少有抱着睡的做法。晚上是必须睡觉的，有时候孩子白天睡多了晚上不想睡，但我们大人到睡觉的时间就关灯了，孩子见没人逗他们玩，很快也会睡着。

稍大些，我开始抓洗手习惯、吃饭习惯等。如何洗手？我母亲和妻子不断示范。吃饭的习惯主要是慢吃，用餐时间要固定，不要挑食。口渴了，喝牛奶或白开水。学习习惯，主要是听歌曲、听故事、翻书、观察事物、学会想象等。作息习惯也是重点，几点起床几点睡觉，相当有规律。

因为重视习惯教育，孩子俩在上幼儿园前，我判断他们的习惯养成已胜人一筹。果然，上幼儿园后，孩子俩常常受到老师的表扬。老师的表扬，又进一步强化了孩子俩的良好习惯。

幼儿期，我特别重视尊重他人的习惯、作息时间自主的习惯、自由阅读的习惯、自信说话的习惯、自主探究的习惯的培养，因为有了婴儿期的基础，一切都显得水到渠成。

小学低段是习惯教育的白银期

如果说婴幼儿期的教育是在白纸上描新图的话，小学低段的教育则是在图上修修改改了。如果错过了黄金期，孩子会形成一些坏习惯，改起来还是有难度的。不过，这时候进行习惯教育还是大有作为的。一是孩子的可塑性依然很强；二是小学的重心任务是习惯教育，家校教育目标是一致的；三是孩子到了新班级集体，很自然会相互比较、竞争，在集体环境中有利于好习惯的形成。

小学低段的习惯，最重要的是做人习惯和学习习惯。比如，尊重他人、遵守纪律、作息时间自主管理、自由阅读、自信表达、自主探究等习惯，是需要重点培养的。我家孩子俩在小学低段，上述重点习惯基本形成，我可以很放心地把教育的重点转到知识学习与能力发展上。这是我家庭教育最成功的经验之一。

很多家长，包括一些年轻的老师，缺乏对教育本质的认识，会把排队整齐、上课安静、字写端正等作为重点习惯来培养，却忽视了最重要的习惯培养，这很可惜。有些家长把家庭教育的重心用到知识与技能的培训上，看起来这方面得奖、那方面得奖，但往往得不偿失。

青春期开始再抓习惯教育要付出加倍努力

随着年龄的增长，孩子的独立性越来越强，家庭教育的外力作用逐步减弱，再抓习惯教育的话，就要付出加倍的努力。

当然，青春期孩子的习惯教育也不是说只能"躺平"，还是有方法的，无非难度增大而已。一要抓大放小，聚焦一两个绝对不能忍受的坏习惯，紧紧盯着不放，通过家校合力，还有可能将其纠正。二是通过激发孩子的上进心，帮助孩子形成强大的内心精神力量，当孩子有了特别的内驱力之后，坏习惯可以逐步得到改变。

习惯教育到底抓什么

习惯教育，到底抓哪些习惯？

从自然人的角度看，要呵护人的健康，抓健康习惯；从社会人的角度看，要弘扬人的美德、追求事业成功，抓做人习惯、学习习惯；从精神人的角度看，要追求智慧和幸福，抓思维习惯。

把复杂的问题简单化，家长抓习惯教育，也就是两个要点：一个是培养好习惯，另一个是预防坏习惯。

培养好习惯

凡是幸福人生一辈子都有用的习惯，就是好习惯。

健康习惯方面，我特别看重饮食均衡习惯、作息时间自主管理习惯、自主健身习惯、保护视力习惯。健康生活一辈子，需要从小形成良好的健康习惯。我家孩子俩小时候的饮食，由我父母来操持。孩子俩很喜欢吃爷爷奶奶做的菜，什么菜都爱吃。作息规律习惯，在这方面我会有意强化。在他们幼儿期，我就要求每人有自己的作息时间表。在我们家，学习时间在做游戏是犯错误，休息时间在学习也是犯错误。健身习惯，由孩子自主制订健身计划，随时可以改，由我父母负责监督。

做人习惯方面,我特别看重自理习惯和尊重他人的习惯。自己的事情自己做,这是基本的责任,从小严格要求孩子,就容易形成自理习惯。作为社会人,学会交往、学会合作是生存之道,而尊重他人,是交往、合作的前提。

学习习惯方面,我特别看重阅读习惯、自信说话习惯、自主探究习惯、勤学习惯、自学习惯。从小养成良好的学习习惯,上学后会产生事半功倍的效果。为了培养孩子阅读习惯,我从鼓励自由阅读开始。孩子俩开始会走路时,我就把书放在他们看得见的地方。很自然地,书是孩子俩最早接触的玩具。孩子稍微翻下书,我就给予表扬。孩子俩幼儿期和小学低段时,我引导他们自由阅读,想读什么书都可以。孩子俩喜欢读文学书、科普书,我有空就让孩子讲讲书中的内容,对他们给予表扬。小学高段,孩子俩开始读报纸、读名人传记。我也特别重视自信说话习惯,引导孩子俩说话,不追求说得好不好。可以这么说,孩子俩小时候,我的家庭教育基本上是听孩子说,让他们说看过什么书,说在学校发生的事,说自己的感想,我不断对他们给予表扬。孩子天生爱探究,只要想探究什么,我就鼓励,长期坚持就能形成习惯。自学习惯是我更大胆的做法。我儿子小学高段开始自学,到初中时获得自学能力。我女儿初中时开始超前学习,自学能力迅速提升。

思维习惯方面,我特别看重质疑习惯、逻辑思维习惯等。思维习惯会影响学习方式,影响世界观、人生观、价值观,影响人格。培养孩子的质疑习惯,从找书中的错别字入手,让孩子明白,字都会错,书中内容也不一定都是真理。后来生活中不断出现意想不到的社会现象,如大米有毒、包装物有毒,孩子俩从报纸上看到了,都会唏嘘一番，这也让他们无形中养成了会质疑的习惯。有时，报纸上报道关于骗子的事，孩子俩都会进行分析，讨论如何应对。逻辑思维习惯，主要通过与孩子俩对话来培养。

预防坏习惯

为什么要预防坏习惯？一旦形成之后，就很难改，所以，预防比纠正更重要。我特别注意，避免孩子俩出现行为调皮、自私或者痴迷电子游戏等坏习惯。

人们常说，调皮的孩子聪明。实际上，这话没道理。调皮是行为范畴，聪明是智力范畴，两者根本就不相关。孩子应该活泼，活泼是良好性格，调皮则是缺少教养而形成的不良行为习惯。预防调皮的关键期是婴儿期。儿童天性喜欢自由，孩子刚会走路时，很容易破坏物品、不尊重大人。在我们家这是不允许的，发现一些苗头我就会通过教育给予纠正。

自私是当前孩子普遍的现象，根源在于家里孩子少，父母亲过于溺爱。在孩子俩幼时，我严格要求他们学会分享，有好东西要给点他人；要尊重他人，常常反思自己的行为会不会对他人造成伤害。孩子俩上学后跟同学关系都很好，学业发展的路上不断有贵人相助，这跟从小养成的尊重他人的好习惯有关。一个自私的人，很难有贵人相助。

孩子痴迷电子游戏，是当前教育存在的严峻的问题。有不少孩子，儿童期因电子游戏而损害视力，少年期因电子游戏而损害学业，青春期因电子游戏而精神萎靡。

教育界对孩子玩电子游戏，一直争议不休。有人认为电子游戏是

"精神鸦片"，要全面禁止；有人认为这是现代科技，社会已经进入信息时代，怎能把孩子禁锢起来？我曾在瑞安市教育局高中科工作多年，后来做校长，看到一些本来很优秀的孩子因为迷上电子游戏而自毁前程，感到痛心不已。我对电子游戏的观点是，孩子可以接触，但必须有规则，缺乏自制力的孩子，还是迟些接触比较保险。

孩子俩幼时，我严格禁止他们接触电子游戏。孩子俩都是到高中了才接触，因为自制力比较强，所以没有沉迷于电子游戏。

重视健康习惯

幸福人生，健康是"1"，其他都是"1"后边的"0"。家庭教育理应把健康摆在第一位。

健康，重在习惯

在我家孩子俩幼时，我特别注意培养孩子饮食均衡的习惯、保护视力的习惯、自主健身的习惯。

第一，培养饮食均衡的习惯。饮食贵在均衡，如果挑食，容易损害健康。挑食，往往都是家长纵容的结果。如在孩子小的时候，家长怕孩子吃不饱，追着喂饭；开始挑食需要教育时，却不了了之；如此教育，挑食也就在所难免了。我家孩子俩几乎不挑食，这是长期引导的结果。当孩子俩说什么菜不好吃时，我就会教育，吃菜不能只追求味道。我常问："味道重要还是营养重要？"孩子俩的回答总是得到我们的表扬，也就少有挑食了。

我家对饮食有个"三不吃"的家规：冰的不吃，油炸的不吃，怪味的不吃。诸如冰激凌、油条、臭豆腐等，包括一般孩子特别喜欢的炸鸡，偶尔吃一点解解馋是可以的，不过，我常说吃这些东西不利于健康，听得多了，孩子俩也就少有吃这些东西的想法。超市里常有怪味豆、饮料之类，或者极甜、极咸、极辣的食品，基本上都属于我们批判的对象。我们不仅批判食品本身，还批判生产厂家的不道德。既然批判了，孩子俩自然就不会乱吃。

饮料方面，孩子俩平时只喝牛奶和温开水，既经济又有利于健康。市场上花花绿绿的饮料，含有各种添加剂，长期喝这些饮料，风险还是存在的。特别是长期喝雪碧、可乐的人，一旦形成习惯以后很难改，有可能会在中年、老年时出现健康风险。让孩子明白了这些道理，加以适当的引导，他们也就养成了饮食均衡的习惯。

第二，培养保护视力的习惯。因为我近视，深知近视的弊端，所以很怕孩子俩也近视。于是，我特别重视培养他们保护视力的习惯。

当前，青少年近视问题相当突出，某些小学的新生中就有20%是近视患者。这固然有学业负担过重的原因，但我觉得重要原因之一，是使用电子产品时的不良习惯。

电子产品是视力的杀手。在相对暗的环境中，电子屏幕会如同一盏灯对着孩子的眼睛照，如果不加以控制，很容易近视。

孩子不可能不看电视，但应该对其有约束。孩子俩出生之后，我家3年不开电视。3年后，电视解禁。我们为孩子制订了看电视的时间表，对于哪些时间、哪些节目是可以看的，清清楚楚地作出说明，规定外的都不能看。规则有了，表扬跟上去了，孩子也就不会提出过分要求。

我特别教育孩子俩，人只有一双眼睛，如果不好好保护，以后即使有再大的学问，也会因眼睛问题而放低甚至放弃追求。孩子俩喜欢看书，每看半个小时左右，就会休息一会儿，看看远方。我儿子还常常在休息时闭着眼睛靠在棉被上。这闭目养神的举动，尽管有点夸张，但在我家是受到表扬的好习惯。因为重视了保护视力的习惯培养，孩子俩到了博士阶段，都还没有近视。

第三，培养自主健身的习惯。孩子俩2岁多，我买了儿童自行车，孩子俩很快学会了骑自行车。我家搬到瑞安市区后，一直住在楼梯房的6楼，平时要爬楼梯，这也是很好的运动。上幼儿园后，孩子俩接触了诸如跳绳、乒乓球等运动项目。我觉得，如果能引导孩子喜欢几项体育运动，并养成健身的习惯，比任何体育特长获奖都重要。

孩子俩最喜欢的运动是打乒乓球，并把打乒乓球变成一种游戏，如对空挑乒乓球，他们练到能同时用两个乒乓球对挑，最多居然能挑到上百次。孩子俩喜欢与我打乒乓球。我的幽默也增加了运动的乐趣，孩子打了个好球，我会说诸如"估计可以参加奥运会""这个球有点野生黄鱼的味道"；我打了个臭球，我会说诸如"这是学你的打法""这个球是榴梿炖鸡臭了一个月的味道"。儿子在青春期时长高后相对有点瘦，他假期在家时，常主动邀我打乒乓球。有次我开玩笑说，若干年后你得了菲尔兹奖，有记者来采访老爸，其中有一段，标题为"哥打的不是球，打的是肌肉"，儿子乐了好几天。

我一直觉得，如果能帮助孩子养成锻炼身体的习惯，远比任何体育特长获奖重要。孩子上学后，尽管学校有体育课，但依然不能忽视家庭健身。学校的体育课和大课间活动受限制很多，比如遇上下雨天，运动场地实在不够用；比如遇上大热天，运动多了就满身大汗弄得全身衣服湿透，明显影响上课，也容易感冒。若学校在城市里，常常碰到雾霾天气，这种情况也不敢让学生多运动。

呵护孩子健康是家庭教育和学校教育共同的责任

我在几所学校做校长时,都特别重视健康素养。我一直提倡孩子们少喝或者不喝碳酸饮料,学校都配备有直饮机,每个学生带水杯过来就行。我特别加强学生在校作息时间管理,保证每个孩子都能有足量的睡眠时间和运动时间。比如在瑞安市安阳实验小学,取消早自修,严格控制作业量,并实施自主作业制度。比如在广东碧桂园实验学校,要求初中部保证每天睡眠9小时,每天运动1小时,这在全国初中少见。很多人认为,初中如果不"卷"学习,中考成绩就不行。我认为,睡眠、运动足量,不仅有利于健康,也能提高学习效率;如果连睡眠、运动时间都不能保证,这样的教育是反人性的,即使中考成绩再好也不能说是成功的教育。碧桂园实验学校中考成绩在全区60多所学校中名列前茅,以实践证明了保证睡眠和运动时间与提高教学质量,是可以兼顾的。管理碧桂园实验学校附属幼儿园时,我在课程体系中专门设计了"爱眼""爱牙""爱运动"等课程,充分体现健康习惯的培养在幼儿园的主导地位。

现在因为应试教育的压力,像我这样重视健康素养的校长,尽管越来越多,但并不是所有学校都真的重视。即使学校很重视,也是远远不够的,还需要家庭配合形成合力。如果孩子就读的学校没有把健康素养摆在首要位置,那么家长更要重视,因为从人的一生来说,没有什么比健康更重要。我的观点是,健康大事仅靠学校绝对不够,家长不能当"甩手掌柜"。

我做校长时设计的家庭综合素养自主作业,其中一项重要内容是自主健身，每个学生自行设计在家健身项目，并将家庭素养自主计划实验情况纳入学校评价体系。比如，孩子们自己设计"每个双休日打2个小时乒乓球""每天跳绳15分钟"等。这样的做法值得在所有家庭中推广。不需要什么表格，拿张白纸就可以用。这里的重要经验是自主计划，只有让孩子选择自己喜欢的健身方式，他们才能更好地坚持，也才能享受自主健身的快乐。

当然，家庭健身，最理想的是亲子运动，既利于孩子与大人共同健身，也利于亲子间情感交流。

自己的事情自己做

什么是自律？就是自我反省、自我控制、自主计划、自主管理。正如陈鹤琴先生所说：凡是儿童自己能够做的，应该让他自己做；凡是儿童能够自己想的，应该让他自己想。

孩子应该做家务

我家孩子俩在婴幼儿期，我就要求他们做力所能及的家务事。比如整理玩具，我会提出非常具体的要求。当我们发现孩子忘了整理玩具时，大人基本上不会代劳，而是指出问题，引导他们整理。孩子马上行动了，我们就及时给予表扬。表扬多了，孩子做了游戏后，就形成了及时整理玩具的好习惯。整理玩具，本身也是劳动。

孩子俩从小养成睡觉前洗脚的习惯。三四岁开始，我们就不帮他们打洗脚水了，让他们自己来。看到他们摇摇晃晃的，即使水倒出来了，我们也少帮忙，而是引导他们倒掉洗脚水后，再用布把地上的水擦干。

孩子俩读小学一年级时，有次一位老师问我儿子："你妈妈这么好，你应该给妈妈打100分吧？"我儿子说："那要看哪个方面，要说劳动，妈妈不合格，都是奶奶做。"回家后，我们夫妻商量，从身教的角度看，得有所改变。我妻子原来洗衣服都是等孩子睡了后洗，此后特意改在孩子睡觉前洗衣服，平时也有意识地在孩子面前拖地板、洗碗。妻子拖地时，常常叫上孩子俩一起来，这样既让孩子看到了"妈妈很勤劳"，也让孩子参与了劳动。每当这时，我就竖起大拇指，孩子俩自然拖得更起劲了。

我女儿从小更喜欢劳动，整理玩具时，能力比我儿子强，受到我们更多的表扬。上小学后，孩子俩有各自的学习桌、书架，我女儿常常主动整理文具、整理图书，还常帮我儿子忙。在我儿子眼里，"姐姐很勤劳"。

很多孩子不会做家务，是家长没有引导，或者要求过高。有些家长认为孩子还小，舍不得让孩子动手。有些家长认为孩子做家务做得不干净，常常帮倒忙，还不如不让孩子参与。

孩子越小，越容易受大人的价值观影响。在孩子俩幼时，我有意让他们感受长辈的勤劳。孩子俩出生后，我父母一起帮带。我父母是贫苦农民出身，极其勤劳，无形中给孩子树立了榜样。

孩子俩婴儿期的时候，因原来房子面积太小，于是我到塘下镇塘西村买了块地基，自建落地房。孩子俩1周岁时，房子才建到第三层，因老房子实在拥挤，未等房子竣工我们就搬进去住了，住在1层和2层，3层和4层继续建。建房子时，我父亲和我全程参与。砌墙、放电线、浇灌水泥楼梯，以及房间里铺地砖、刷油漆等，因为要节省工钱，都由我父亲自己做。我们家独特的早期教育之一，是让孩子感受"爷爷很勤劳"。

孩子俩稍懂事起，我就对他们讲我父母过去辛勤劳动的故事，我父母自然也会讲一些心酸生活的细节。比如我父亲，曾因家境困难到贵州打工，被人算计后没有路费差点回不了家；比如我母亲，曾经挑着稻谷走一天，就为多换些廉价番薯丝养家糊口。这些故事，可以向孩子俩传递做人要勤劳等价值观。

我外甥、外甥女、侄儿、侄女都住到我家，人多了家务活自然也多，基本上都是我父母承担。有天凌晨，我儿子听到楼下有声音，慌张地叫醒我。我知道是我母亲早起煮饭，就特地把这事做成"教育事件"，带儿子下楼看个究竟。儿子读小学时，写了篇题为《感谢您》的作文，写了奶奶的这件事："满脸皱纹中夹杂着慈祥的爱，一头银发写满了人生的风霜……记得有一天，我凌晨五点钟起来小便，听到楼下发出声响。我怕是小偷，忙把爸爸叫醒。爸爸带我下了楼，只见一位老人，粗糙的手正在淘米——原来是您！爸爸告诉我，您每天都为我们准备早餐。我总算明白了，您为了我们全家，早起晚睡，您是多么令人敬佩啊……"我反复表扬儿子这篇文章写得好，强化勤劳最光荣的价值观。

孩子俩从小做力所能及的家务活，认为别人家也都是这样的。等上学之后，他们了解到有些同学是不做家务的，感觉不可思议。这时候，我的评价跟上了，无外乎表扬孩子勤劳，批评从小不做家务这种懒惰行为，孩子俩更感觉自己做得对。

自理生活习惯会迁移到自主学习习惯

有些家长把学习成绩看得过重，内心也焦虑，孩子上学后，总是想着让孩子花最多的时间在学习上，并认为做家务事会浪费孩子时间，"生活上的事我们来，学习上的事你来"。实际上，这不妥。一来，学习也需要劳逸结合，适当的体力劳动，更有利于孩子大脑休息。二来，让孩子做些家务活，本身也是培养一种"自己的事情自己做"的好习惯。习惯往往是会迁移的，爱劳动的习惯形成后，也会迁移到爱学习这一习惯上。

孩子俩从小养成"自己的事情自己做"的好习惯，学习上的事就很自主。上学之后，我关注书包是否整理好，但不会帮助整理书包。作业，也都不需要我们检查。

我一直认为，勤劳生活与勤奋好学是一对"双胞胎"。古往今来，凡是有成就的人，都是勤奋好学的，生活、工作上往往也是极其勤劳的。

尊重他人从感恩长辈做起

教育的重要任务，是把自然人培养成社会人。作为社会人，要学会与人交往。若想交往得更好，尊重是前提。

尊重他人，从感恩长辈做起

如果孩子不会感恩自己的长辈，那么尊重他人也就无从谈起。

在我家孩子俩幼时，我特别要求，凡大人给予了什么帮助，得说谢谢。比如，孩子感冒了，大人肯定忙前忙后的，感冒恢复后，我会跟孩子聊聊，总结下经验教训，自然地引导孩子对大人说谢谢。

我要求孩子俩在大人有困难的时候伸出援手。如大人感冒，孩子要问候，需要时给大人倒温开水。孩子俩出生时，我父母一起参加养育，为孩子俩的成长忙前忙后。我儿子婴儿期的时候，一次感冒了，我母亲抱着我儿子坐人力三轮车去看医生，结果路上三轮车翻了，我母亲为了保护我儿子，自己脸着地，脸肿得很大，好久才恢复正常。后来我常讲这些事，孩子俩自然就多了份感恩之心，对长辈也表现出特别的孝心。孩子俩读大学后，基本上每周都不忘对爷爷奶奶进行问候。

感恩需要表达。长辈生日时、情绪不好时，我们都要给予关心。

我平时有什么困难，也会选择性地与孩子俩讨论。孩子俩读小学时，我专门为他们配备了两人合用的手机，主要用于在节日的时候，用发短信的方式表达对长辈、老师的问候。

尊重他人，要学会与人分享

由感恩长辈开始，推而广之，尊重他人也就水到渠成。我特别要求，有好东西要舍得与别人分享。

每个幼儿对玩具都是有感情的。有时候，一些亲朋好友的小孩到我家玩，想拿走一些玩具。孩子俩心里肯定不舒服，这是儿童的天性。但是，在我的鼓励与暗示下，孩子俩会送给小朋友一些玩具。事后，我会给孩子俩补充新玩具以示奖励，同时会反复表扬孩子俩舍得把玩具送人的这种行为，不断强化孩子愿意分享的好习惯。

孩子都喜欢吃自己喜欢的食品，这是天性。我也有意引导孩子俩养成有好吃的要与人分享的习惯。比如想吃水果时，问问大人要不要吃。我特意交代我父母，当孩子俩让他们一起吃水果时，也一定要吃，我回家后会适时表扬孩子。

孩子俩2岁多的一天，吵架了，原因是分葡萄干时一人多一人少，于是由我来解决问题。我先从女儿的葡萄干中拿些吃了，这下儿子的多了，女儿不肯；我又从儿子的葡萄干中拿些吃了，这下女儿的多了，儿子不肯；最后两人的葡萄干都被我吃光了。这时他们才突然发现问题，都哭了。我借机教育他们，不相让的双方最终都会有损失，后来就有了"吃零食时要相让"的家规。

尊重他人，一举一动都要考虑会不会对他人造成伤害

我常与孩子俩讨论一些目中无人的行为，如在公众场合大声喧哗、随意插队、一边走一边嗑瓜子等。一次，我与儿子外出，看到人行道上停着几辆车。我们分析，这首先是因为停车位太少，同时，车主的心里也根本就没有他人。无处停车，自然有麻烦，但停在人行道上，就把自己的困难变成更多人的困难，这样的行为如果形成习惯，迟早要吃亏的。

我常引导孩子俩，人生而平等。人的职业不同，而人格都是平等的，不应有高低贵贱之分。我曾出版作文专著《新理念作文》，书中收录了学生的乡土作文，其中有相当多的文章描写了打工者、农民的美德故事。孩子俩看我的作文专著时，无形中也受到这些价值观的影响。

我也常给孩子俩讲些名人的故事。如印度国父甘地，一次坐火车时不小心掉了一只鞋，马上把另一只鞋也扔下火车。旁人对此不解。甘地说，这样做，他人捡到的会是一双鞋。这些故事，都给了孩子俩启发。

我引导孩子俩，与人交往应求同存异，希望别人与自己个性完全一致是不可能的。每个人因天性、成长环境、教育经历不同，都会有自己的个性，因此与人交往应该学会包容。孩子俩有时对某人或某事有意见，我会引导他们从另一个角度多想想，学会换位思考。2004年，我带女儿去长城游玩，导游小姐硬带旅客进商店购物，一些旅客很生气，双方发生了争执。女儿轻声对我说："大家没必要这么生气，导游也有难处，就算导游错了，在路上就大吵，犯得着吗？"

学会作息时间自主管理

有的孩子学习效率很高,有的则拖拖拉拉。从家庭教育的角度看,这里有个如何引导孩子学会时间管理的学问。

时间是需要管理的

孩子在幼儿园、在学校里,因为有校风校纪的要求,会表现出社会人的素养,作息时间相对正常。而在家里,离开了社会人的规则,自然人的本性就会滋长,最突出的问题就是作息时间紊乱。引导孩子做好家庭时间管理,可以很好地培育自律品质。

在我家孩子俩幼儿期的时候,我就和他们口头约定好作息时间。上学后,我引导他们制订作息时间表。

我的家教思想是:

第一,必须制订作息时间表,这是硬性要求。在大是大非的问题上,我对孩子俩都严格要求。因为讲清楚了作息时间的重要性,孩子俩都很认真做,当尝到甜头后,自然很容易由他律变成自律。

第二,至于作息时间表到底怎么样,那是孩子自己的事。我会参谋,但仅仅是参谋而已,最终由孩子自己定。如果不好执行,随时都可以改。比如,孩子说早上6点起床,8—9点阅读,10—11点锻炼身体……我都说行。过段时间，孩子说早上6点起床太早，那就改嘛，直到孩子自己满意为止。

第三，凡制订了作息时间表，就要严格执行。在我们家，学习时间玩游戏是犯错误，玩游戏时间在学习也是犯错误。

为什么要有作息时间表

对孩子来说，需要有一定的规则。孩子的成长，是一个与大人斗智斗勇的过程。如果没有规则，单凭说教很难形成良好的习惯。

对家长来说，如果孩子没有作息时间表，很容易出现家庭教育的随意性。比如说双休日、寒暑假，司空见惯的是，家长忙完自己的事，看到孩子没在学习，心里就紧张了，往往随口而出"快给我去学习"。这实际上是瞎指挥，孩子很容易有逆反心理。如果有了作息时间表，该玩的时间让孩子玩，该学习的时间管一管，教育上能够轻松些，家长的心情也可放松些。

家庭教育，贵在"法治"。有家长喜欢时时、事事管着孩子，这是"人治"，看起来好像也能管住孩子，但靠大人讲一句孩子做一点，孩子容易形成被动的性格。"法治"则不同。家长管着规则，规则管着孩子，孩子知晓规则，也容易主动遵守，容易形成自律的好习惯。如果家里没有规则，相当于国家没有法律。作息时间表，就是极其重要的时间管理规则。

为什么要让孩子自己制订作息时间表

合适的规则是金钥匙，不合适的规则是绳索。如果大人想当然地把规则强压给孩子，要么不适合孩子，要么不被孩子喜欢。只有让孩子自己摸索，才有可能形成最适合孩子的时间表。

让孩子自己制订作息时间表，有诸多好处：首先，容易执行，家长管起来力度可大些，起码孩子没理由反抗。其次，能够培养自主意识，自己的人生自己做主。家庭教育，不是为了管住孩子，而是重在培育独立人格。最重要的是，自律习惯，不只是为了培养习惯，更难的是在习惯养成的过程中形成自律素养。

孩子俩从小就对作息时间把握得很好，比如晚上洗漱、早晨起床等，小小年纪就不需要大人提醒了。孩子俩小时候常约定的就寝时间是晚上八点半。有时我家来了客人，我们聊着聊着忘了时间，忽然发现孩子没在场，一看时间八点半了，那么他们肯定是准时上床了，客人们对此总是称赞不已。

孩子俩按时作息的好习惯，在中学阶段发挥了重要作用。中学生学习的任务多，忙了容易乱，有了作息时间表，劳逸结合就有保障。加上我为孩子争取的自主选择作业的特殊权利，到了某个点该休息了，再多的作业他们也不管而会先休息。孩子俩都很好学，会选择最有意义的学习内容，学习效率反而更高了。

我儿子14岁考上中科大少年班。大学期间，儿子基本上做到晚上10点就寝，早上7点前起床。后来儿子在中科大的平均绩点在数学系最拔尖，这与良好的作息规律有关。

中科大少年班学院原院长陈卿教授曾与我谈到决定孩子能否成才的两个重要因素，一是时间管理能力，二是计划能力。我非常赞同他的观点。我想，引导孩子制订并实施作息时间表，能帮助孩子培养时间管理能力，而制订时间表的这个过程本身，又能帮助孩子培养计划能力。

作息时间管理重在自主

作息时间自主管理，既关系到健康生活，也关系到孩子上学后的学习效率。我一直认为，家庭作息时间自主管理的习惯，是幼儿园小朋友和小学低段学生最重要的习惯之一，也是培养孩子自律素养最好的抓手之一。如果孩子在家里能做到自主管理作息时间，那么教育已经成功一半了。

2017年，我在《南方都市报》开辟"陈钱林说家教"教育专栏，写了篇《时间需要管理，不妨试试作息时间表》，后被全国媒体大量转载。2020年初新冠疫情严峻时，《中小学管理》约我开设"陈校长说家教"专栏，我再次写了一篇《宅而不荒，你需要一张时间管理表》，这篇文章马上被《中国教育报》选中并以《延期开学，怎样让孩子"宅"而不"荒"？这个法宝你必须知道！》为题转载。

我在广东碧桂园实验学校做校长时，全校小学部实施家庭作息时间自主管理计划，每位学生制订双休日、寒暑假家庭作息时间表，学校课程体系中专门设计了在班会课定期组织学生分享家庭作息时间自主管理的做法与体会。家庭作息时间表也在碧桂园教育托管的机器人谷配套新学校——北滘镇第一实验小学和拥有百年历史的村居小学北滠镇第二实验小学全面推广，深受学生喜欢和家长好评。

近几年，全国各地的教育部门都在推广家庭作息时间表的做法，自媒体也推出介绍家庭作息时间的大量文章，这无疑是大好事。但我发现有些文章说的时间管理，只是让家长给孩子做个作息时间表，我觉得这种说法并没有抓到点子上，是片面的，甚至是有害的。如果都是家长想当然给孩子找个时间表，要求孩子严格遵守，这对幼小的热爱自由的孩子来说，无疑是苛刻的，并不利于童年的幸福。

我的经验不是家里有个作息时间表，而是帮助孩子形成作息时间自主管理的习惯，找到家长宏观调控与孩子爱好自由之间的一个平衡点。自主管理，贵在自主，是引导孩子自己制订作息时间表计划、自主管理自己的时间。只有自主，才会有达成目标的成功感，才会有幸福人生需要的自律素养。

让孩子爱上阅读

婴幼儿期是孩子习惯教育的黄金期。众多习惯中，阅读习惯可以摆在与健康习惯同样重要的地位。人们常说，幸福人生，"身体和灵魂总应该有一个在路上"，是有一定道理的。

阅读是获取知识的主要途径，有助于提升思维能力、增强语言能力、丰富情感体验、培养专注力和提升个人修养。

就学习来说，缺乏阅读的积累，几乎是不可能学好语文的，也影响英语和理科学习。一些孩子一直学不好英语，根源在于语文基础不扎实。

抓阅读，先是习惯，再是能力。最理想的状态是，幼儿期养成良好阅读习惯，小学阶段通过大量阅读形成阅读能力并提升表达能力，中学阶段则是精准阅读。如果忽视了幼儿期的阅读习惯培养，等到小学再抓，甚至到了中学再抓，就会影响阅读量，因为越到高段，孩子学业负担越重、阅读时间越少。

书香家园环境影响阅读习惯

环境对孩子产生潜移默化的影响。想要孩子爱上阅读，营造书香家园的环境，是比较可取的方法。

孩子俩1周岁时，我家搬到塘西村。新房共4层楼，我将第四层的前后间都安排为书房。我常带孩子俩上4楼玩，有时让他们找些喜欢的书带到2楼、3楼他们的卧室，过段时间我又让孩子俩把书送回4楼的书房，这个过程类似于到图书馆借书。

瑞安市区新家面积有140多平方米，为复式房，楼下是厨房、客厅，楼上有4个房间。搬家前，我对房子重新设计，特别在楼上设计了一个书房，还将书房上面的阁楼开辟成藏书室。我还在孩子俩的卧室内各配备了小书架。他们非常高兴，将学习用书放在自己的书架上，还不时在书房选择喜欢的书放到自己的卧室。

孩子俩上幼儿园时，正是良好阅读习惯形成的关键期。这时，我正好转岗到瑞安市教育局办公室做秘书，常常要写领导讲话稿、工作总结等，所以在孩子俩眼里，"爸爸是作家"。孩子俩上学时，我到瑞安市安阳实验小学任校长，工作相当繁忙，但我平时在家还是坚持阅读，为孩子做榜样。

阅读习惯从自由阅读开始

自由阅读是快乐的，带有任务的阅读往往需要坚强的意志。大人都喜欢看微信文章，因为这是自由阅读。如果对大人阅读微信文章规定明确的任务，比如每天看几篇微信文章，能做到的给予表扬、奖励，做不到的给予批评、惩罚，这样一来估计很多人就反感了。大人都是这样的心理，孩子也一样。

许多家长将阅读功利化，总希望孩子每次阅读都有收获，这样并不利于培养阅读习惯。如果对孩子读什么书、怎样读都有严格的规定，看起来是为了孩子好,实际上会消磨孩子的阅读兴趣,最终可能会破坏阅读习惯。

我打个比方,知识如粮食,孩子生长需要吃粮食,五谷杂粮均衡就好,并不一定需要什么特别的粮食清单,更没必要非得吃哪个品牌的粮食不可。现在有些专家研究出了一些书目,我觉得大致做个参考就可,千万不要认为这是什么科学原理而不敢越雷池一步。

我特别提倡自由阅读,即阅读是没有书单的,不要规定孩子读什么书。选择什么书、什么时间读、是否将整本书读完,完全是孩子的自由。我家每个房间都有书,孩子俩可随时凭兴趣翻翻。我平时不定期地陪孩子俩去书店,至于买什么书,都是孩子俩自己的事,我管的就是埋单。买回书后,至于什么时候读,我也不会管太细。他们有时会把一些觉得不好看的书扔在一边,对此我也不责备。我想,孩子不喜欢看某本书,说明这本书买错了;而如果硬撑着看不喜欢的书,肯定会折磨人,是错上加错。

自由阅读并不等于放手不管。有些书或有暴力倾向,或带色情内容,或与核心价值观不符,这就需要家长把关。

我的方法,主要是听孩子说体会。孩子俩读了什么书,有什么感受,都会对我说。不管他们说什么,我几乎都会给出表扬。表扬多了,他们就更喜欢对我讲。与孩子讨论读书体会,就很容易判断出他们的兴趣和书的价值,这本身也是让孩子品尝阅读快乐的过程。

孩子俩不在家的时候,我会大致浏览一下他们正在看的书,如果发现了一些消极的东西,我会通过巧妙的形式给予批判。例如,发现书中有暴力倾向时,我不会直接说书中内容有什么不好,不然孩子会发现我在偷看他们的书。我会对孩子说,有些人很暴力、很可怕,好孩子不能学这些东西。每当这时，孩子俩就会把书中有暴力倾向的内容指给我看，对此我就表扬。经此方法后，其他方面我也就乐得清闲，孩子俩也拥有了特别宽松的阅读环境。

赏识与期望助力阅读习惯

家长的评价，是孩子成长的动力，自然也是阅读的动力。家长要有意识地赏识、期望、引导孩子的阅读行为。

在这点上，我做得比较好。每当看到孩子俩认真看书时，我常会竖起大拇指。若孩子没看到，我会竖着大拇指，问："看看这是什么？"我女儿常常会高兴地亲一下我的大拇指。碰到特别的好事，我会用大拇指做些"跳舞"的动作，或者在大拇指上画个笑脸，或者竖起两个大拇指，在孩子俩眼里，这些都是高级荣誉。

孩子俩看了书后，喜欢与我讨论。我常顺势引导他们，围绕感兴趣的话题，开展小课题研究。他们从小爱看《十万个为什么》，之后又陆续看了《学生探索百科全书》全四册（《地球探索》《动物探索》《科学探索》《历史探索》）以及《200个鲜为人知的——探秘未知世界故事》各卷等书。记得他们曾对飞碟事件追踪、海水的身世之谜等课题进行探究性学习，查找了大量资料。结合实践进行研究，本身就有乐趣，加上我的特别赏识，孩子俩对阅读就更有兴趣了。

孩子俩从小希望当科学家、作家，有了梦想就会有激情，好习惯的形成也就水到渠成。我好几次故意贴着书房门缝，说："轻点声，科学家（作家）正在学习呢。"孩子俩的耳朵都很灵，听到后就更认真了。

我儿子10岁时，我们发现他阅读偏科，对文科类的书兴趣不大。儿子比较独立，凡事喜欢自己做主张，若是我们强制他，他表面认同，实际上不会认真对待。我们夫妻商量要引导他读些文科类的书。一天，我们买了《上下五千年》《世界五千年》等书放在书房的显眼处。然后，我们故意"暗地里"大声讨论：如果小孩能读些文科类的书，长大后会很有出息。儿子耳朵特灵敏，果然听到了我们的"讨论"，这心理学上的暗示法起了作用，不久我们发现儿子读起了历史书。我们便表扬道："你怎么想到看历史书？这可是件了不起的事！如果文科和理科都喜欢，就是天才了！不过很难坚持的。"儿子说自己偶然翻开，想不到很好看，他说会坚持。那几天，我们看到他硬着头皮看文科书，心中窃喜。后来，慢慢地，儿子也就喜欢阅读文科类的书籍了。

阅读跟说话结合，一举两得

家长安排些时间，听听孩子说看了什么书，有什么体会，这是最简单易行而又特别有意义的家庭教育方法之一。不需要刻意准备，随时可以实施。阅读跟说话相结合，非常有利于孩子的良好习惯培养和能力发展。

第一，听孩子说看了什么书，家长正好可以宏观调控孩子看书的情况。

第二，孩子阅读之后总会有体会，都会有表述的愿望，如果家长能听听孩子说阅读有什么收获，没有孩子会不喜欢的。孩子说说阅读的收获，家长给予必要的表扬与鼓励，明显有利于良好阅读习惯的养成，也有利于加强亲情。

第三，自信说话本身也是跟阅读一样重要的好习惯，跟阅读习惯结合起来，一举两得。阅读，是吸收，是输入；说话，是应用，是输出；阅读与说话结合起来，孩子思维的通道才更顺畅。

肯说比说得好更重要

培养孩子自信说话,是我家庭教育最重要的经验之一。

我家孩子俩只要肯与我说,不管说什么,我都表扬。婴儿时,孩子俩说得不清楚,我即使听得云里雾里,一般也不予纠正,我觉得肯说比说得好更重要。表扬多了,孩子俩就喜欢跟我聊。

平时我下班回家,孩子俩左边一个右边一个,争先恐后地向我报告一天中发生的事。我有空就会听详情,忙的时候没时间了解细节,也会笼统地给予表扬。

孩子俩上学后,几乎每天都会向我讲述学校里发生的事。有时我出差回来,孩子俩要说的话就更多了。每当看了书后,孩子俩自然更喜欢向我汇报。我的激励方法,也就是表扬。有时,事情多了,或者心情不好,孩子俩说个不停,我也着实觉得有点吵,但想到孩子的教育是家长的天职,我还是耐心地听。

有次,我女儿向我讲一件事,讲了很长时间,但我急着看一则新闻。我女儿用手在我眼前晃一晃,测试我到底是真在听还是做做样子。我说"在听呢"。我女儿不高兴,说:"报纸重要还是女儿重要?"我忽然感到自己做得不对,后来听孩子俩讲话时,都很专心。如果真的太忙了,我会对他们说过段时间再讲,孩子俩也会理解。

自信说话的习惯对孩子的成长具有重要意义

第一，自信说话使人变得更聪明。说话是思维练习的过程，语言是思维的外壳，思维决定语言的能力，语言也促进思维的发展。古人造字有讲究，"聪"字由耳朵、眼睛、嘴巴、心组成。为了说得更好，自然要多聆听、多观察、多思考。因此，引导孩子多说，带动耳朵、眼睛、大脑运动，果真能让人变得聪明。

第二，自信说话是语文、数学素养的练习过程。语文最核心的素养是听、说、读、写。听、读是吸收，说、写则是运用，吸收与运用形成闭环，语文素养提升得就快。说话对写作文也很有好处，只要孩子喜欢说，把说的话记下来，不就是作文吗？都说数学是思维的体操，思维是学习数学的基础。说话的过程是思考的过程，话说得清楚了，孩子思维能力也就发展了，逻辑性也就强了，数学能力也容易提高。

第三，自信说话有利于性格培养。敢于说话、善于说话，孩子会变得越来越自信。同时，长期与孩子对话，可以培养孩子的独立人格，也有利于减少孩子青春期的叛逆心理。

常有家长问我，孩子不愿意跟家长说话，为什么？我认为，主要责任在家长。一是家长总觉得孩子幼稚，听孩子说话缺乏应有的耐心。二是把说话技能看得过重，对孩子要求太高，让孩子感觉受到打击。

怎样让孩子喜欢与大人说话

第一，要尊重孩子。如果孩子说了些什么不中听的，就马上呵斥；

未等孩子说完，就任意打断；嫌孩子说的话幼稚，随意大笑；把孩子讲的私密话，随意向他人透露……诸如此类的事，都是对孩子的不尊重。伤了孩子的自尊，孩子在情感上就会疏远父母，就不愿意说话。

第二，不能要求过高。当孩子讲述自己的表现时，父母不能总想着要教育一番。虽然提出问题便于改进提高，可如果这样做，每当孩子开口，换来的都是"这个不对、那个不好"，最终他们会选择少讲话，甚至沉默。

不同年龄段的说话习惯培养，应该有所侧重

幼儿阶段以赏识为主。在幼儿眼里，父母是无所不知的，所以只要家长愿意听，孩子就会有很多的话要说。在这阶段，我也会对孩子的话题进行适当引导，比如让孩子讲看过的书，讲做过的探究小课题，讲身边发生的事。我原创的"100个好"评价，也是听孩子说话的一种方式，根据孩子表现，加减几个"好"。

小学高段开始，应该适当帮助孩子拓宽视野，并做些逻辑训练。孩子俩9岁时，我引导他们看看报纸，谈谈社会现象，话题就多了些。我作为家长经验总丰富些，分析问题也常比孩子更深刻，孩子就喜欢与我聊。另外，碰到亲戚的喜事、难题时，我都尽量抓住时机与孩子俩聊聊。

我常使用两难分析法，给孩子更多启发与感悟。比如，"绿灯亮着但走到一半路时，红灯亮了，这时人正好站在路中央，应怎么办？"这种两难的问题，会让孩子俩更有收获。

孩子俩8岁那年，某天他们神秘地告诉我："奶奶讲迷信，怎么

行?"我感到事情有点棘手。如果批评我母亲,显然不妥,这与我平时教育的孝顺观念有冲突;如果不了了之,"奶奶讲迷信到底对不对"等问题会困扰孩子。同时,孩子"告密"后,将要承受很大的心理压力。斟酌后,我从文化的角度,对孩子俩解释,宗教是哲人创建的人生哲学。之后,我好几次与孩子俩讨论这件事,特别对"发现奶奶有错后应不应该告诉爸爸"进行分析,孩子俩明白生活中许多事都是两难的。

孩子青春期时,做到与他们平等对话是关键。到了青春期,孩子会发现,其实父母也很平凡,父母子女间的话语少了些也很正常。但青春期正是价值观形成的关键期,家长要想方设法与孩子多聊聊。想要青春期的孩子还愿意与父母说知心话,那么在与孩子聊天时,家长以多听为好,不能老想着为孩子出主意,特别是不能想当然地下指令,孩子毕竟长大了,独立是他们成长的需求。

我在广东碧桂园实验学校做校长时,在一年级到九年级的课程中,设计了每周有一节说话(演讲)课,每个学生都会轮流上台讲故事、演讲等。我们学生的性格相对阳光,语文成绩在全区名列前茅,跟这节说话(演讲)课是分不开的。

现在应试教育压力很大。不是所有学校都会舍得拿出课时开设说话课、演讲课。即使开了课,轮到孩子讲的时间也是有限的。家庭教育要跟学校教育互补,在引导孩子自信说话方面,要加大配合力度。

培养自主探究习惯

孩子总是对未知世界充满好奇，对新鲜事物，往往爱提出是什么、为什么等问题，这是教育的契机，正好可鼓励孩子培养探究学习的习惯。

探究，让外甥彬从厌学学生变成优秀学生

我对探究习惯的重视，是从外甥彬的教育中开始的。彬刚转学住到我家的一天，我外出回家，发现他在玩水，并把味精、盐、白糖等倒在地上，搞得一塌糊涂。我怒火中烧，但强忍了下来，说："你是在做实验吧？科学发明就是这样来的，你想研究什么？"他支支吾吾地说是在做实验。我当着他的面打电话给我姐姐说，这孩子喜欢做实验，真了不起。

为了激发他的自信心和内驱力，我根据他幼儿时爱动手玩弄家电的兴趣，引导他学习爱迪生。在我的引导下，彬开始拆旧电器，喜欢做些小实验，我对此特别欣赏，并表示鼓励。

外甥彬现在还记得小时候经常做的"科学实验"。比如有一次，他看到将糖和香烟灰放在一起可以燃烧的文章，也想做实验。他专门去找来香烟，把香烟灰与糖放在一起，用火柴点燃，果然燃烧了起来。

实验后，我们把垃圾倒进垃圾桶，想不到一会儿垃圾桶里又烧了起来。

外甥彬在"科学探究"中不断得到我的表扬，学习成绩也慢慢好转。彬读初中时，因小发明作品获国家专利，变得勤奋好学，考上瑞安中学；读高中时成为学校小发明协会会长。外甥彬后来获得上海交通大学硕士学位。

让探究像呼吸一样自然

我家孩子俩出生时，外甥彬12岁。孩子俩上幼儿园时，外甥彬已经成为瑞安中学的高才生了，是孩子俩学习的榜样。受彬哥哥的影响，加上我的引导，孩子俩也喜欢"做研究"，形成了很好的探究习惯。

孩子俩小学高段开始尝试探究学习，既增添了童年的幸福感，又提升了学习的能力。这是我家庭教育最重要的经验之一。

第一，赏识、鼓励孩子的所有探究活动。孩子俩两三岁前的提问，我总是以他们能理解的方式给予解答。稍大些，当孩子有疑问时，我一般都会叫他们自己想想看。当孩子的猜想接近真相，我就给予表扬；当孩子的猜想离题万里，或者令人发笑，我一般也不会马上纠正，而是给予鼓励。我觉得对幼儿来说，对知识理解得对与错不重要，重要的是兴趣与习惯。

孩子俩看了动画片，会跟着研究，尽管很幼稚，甚至很好笑，但我对此都表示肯定，常常很夸张地表扬他们"也许会得科学大奖了"。

孩子俩很喜欢天文知识。为了表示支持，我专门给他们买了望远镜。我家瑞安市区房子的顶楼有个露天阳台，他们很喜欢在那里"观察天象"。每当有关于日食、月食、流星的新闻报道，他们总是兴奋不已。

孩子俩5岁时的一天，他们对我说"知道地球是圆的了"。原因是：从我家的7单元出发，往前走过9单元，在一层商铺转了个圈，又可回到7单元，这不就是一个圆吗？我被逗笑了，但马上对他们给予表扬。对5岁的孩子来说，能观察地形，并能与"地球是圆的"知识结合起来思考，这是难能可贵的。好几次，我陪孩子俩在一楼转圈，"研究"这个圆的原理。

第二，在孩子的提问中加以引导形成研究小课题。每当孩子提出一个有趣的问题，我会引导孩子把这个问题作为小课题进行研究，并做好过程指导与评价。过段时间，我会问他们有什么研究计划，并帮助他们完善相关想法。若有进展，孩子都会对我说，我都会给予赏识、鼓励。

孩子俩3岁后，我引导他们观看科普类电视节目。我提前从《中国电视报》里选择适合孩子的动画节目、科普节目。2000年前后中央电视台少儿频道"东方儿童"栏目播出动画片《蓝猫淘气3000问》，孩子俩对它特别着迷，看了足足1年。之后，孩子俩常看中央电视台科教频道《走近科学》节目，激发了探究热情。孩子俩读中学后开始接触网络，我引导他们浏览科普网站。如中国科普网设有不同类型的栏目，图文并茂，还配有动画解说，很吸引人，这些栏目内容常常成为孩子俩探究的课题。

曾有家长问我，对于孩子探究的课题要不要考虑全面性？如孩子研究动物，家长要不要引导孩子研究植物？孩子探究的结果出现差错怎么办？我觉得，没有必要考虑全面性，孩子喜欢什么就让他们研究什么，也不要在乎是否能找到标准答案，以孩子的理解水平来探究即可。探究并不是以学知识为目的，更重要的是从中培养探究习惯，激发探究兴趣，发展探究能力。

第三，鼓励孩子动手操作。动手能促进大脑发育，希望孩子"心灵"，可以从"手巧"开始。让孩子做力所能及的事，如幼儿时让他们自己穿衣服、折衣服、盛饭、拖地等。孩子俩常常跟着妈妈拖地。让孩子俩拖地，原意是希望培养孩子的劳动意识，后来我发现，与其说他们在劳动，不如说是在游戏，实际上这也是一个探究的过程。

孩子俩动手最多的活动是摆筷子和堆积木。堆积木是富有创造性的游戏，本身就是一项探究活动。此外，拼图玩具也较大程度上满足了孩子俩探究的欲望。我儿子十分喜欢拼图玩具，有一个由几百张图片组成的拼图，要花两三天时间才能完成，他却乐此不疲。我女儿则更喜欢做纸飞机、纸椅子之类的手工。我女儿读小学时，曾花好几个星期的时间，做了一张玩具类的小木桌子。

孩子俩受外甥彬影响，加上我的引导，很喜欢拆装旧家电。家里总会有需要淘汰的东西，如破闹钟，或旧洗衣机。这些东西说扔就扔的话，太可惜。反正坏了，正好给孩子探究。刚开始，他们只会拆不去装。好在我父亲在，孩子俩拆了的东西，我父亲都可以装起来。慢慢地，一些物件孩子俩拆后也能装起来。每年夏天，我父亲都会把家里的电风扇拆开清洗。孩子俩对此很感兴趣，与爷爷一起拆了装，装了拆。一次，孩子俩发现饮水机里有蟑螂，他们就与爷爷一起拆饮水机，这可是令孩子俩兴奋不已的探究活动。

第四，做孩子探究的帮手。探究是个综合的学习过程，孩子开始探究时往往异想天开又期望过高，结果常常会力不从心且半途而废。如果家长能做孩子探究的帮手，不仅能让孩子感受到特别的亲情，也更能激发孩子研究的热情。

孩子俩做研究时碰到一些困难，常常会叫我帮忙，我也乐得给他们"打打下手"。孩子俩的研究内容广泛，仅2003—2007年间的动物研究，有记录的就有蚂蚁研究21次、金鱼研究7次。我印象比较深的是2003年11月3日开始的名为"一一三"的蚂蚁研究、2007年2月名为"金金二世"的金鱼研究等。这些研究的过程中，少不了我的参与。

孩子俩研究之后会加以分析和总结，每当有"成果"时，我都会给予特别奖励。有时候，我也引导孩子将"研究成果"写成文章。我女儿读小学六年级时研究洗洁精的毒性，她选择了不同品牌的洗洁精进行比较，并把蚂蚁、树叶放在溶液里观察，最后得出"洗洁精对小动物有害，对人的身体健康也有影响""选用颜色浅的洗洁精为好"等结论。后来我引导她把研究结果写成文章《洗洁精对人体健康危害性的研究》，还获得了民间组织的全国级奖项。

自主探究习惯是掌握自学方法的重要基础

探究学习不仅仅是一种习惯，也是一种自学方法。自学方法有自主阅读、自主复习、探究学习、拓展学习、超前学习等，超前学习最难。形成探究习惯之后，孩子会逐步探索出探究学习的方法，从而不知不觉地揭开自学的神秘面纱。探究学习是一种简单可行的自学方法，从探究学习入手，慢慢提高难度，到了一定程度，掌握超前学习方法也会水到渠成，这符合自学能力形成的规律。

我国基础教育课程改革的理念，是强化探究学习、跨学科学习、项目式学习。我在瑞安市安阳实验小学做校长时，特别重视探究习惯的培养。学校专门将六亩劳动基地设计成序列化体验课程，安排不同年级学生参加药草园、养殖园、种植园、反季节种植研究园的探究活动，特别是四五年级学生，每个学生都种植过几种植物。我们还开设了金属加工、木工课程。孩子们非常喜欢这些探究课程，许多家长也鼓励孩子探究，这些都促进了孩子良好习惯的形成，相当多的孩子从探究开始走向自学。我家孩子俩都曾在这所学校就读过，这些探究课程在孩子俩心目中留下了深刻的印象。

我在广东碧桂园实验学校做校长时，在小学阶段创新了拆旧STEM（即科学、技术、工程和数学教育）课程，鼓励有兴趣的小学生跟家长一起拆装旧家电。有一次，时任教育部课程教材研究所副所长陈云龙到学校考察，高度称赞这个创新举措。学校在初中设计小课题探究自主作业，涵盖了道德与法治、生物、历史、地理等学科，每位学生每学年必须要有小课题探究的计划，至于到底探究什么，由学生自己根据感兴趣的内容选择。学校定期组织小课题探究自主作业的分享会，学生很喜欢。这种看起来浪费时间的创新措施，在实践中其实激发了学生的学习兴趣，拓宽了孩子的视野，不仅没有影响中考成绩，反而增加了孩子的自学动力。

许多学校受条件限制，没有普及探究学习。如果家长重视孩子的探究学习，也可以与学校教育形成互补。自主探究是儿童的天性，凡家长主动参与和悉心引导，跟孩子感情上会更亲近。尤其是，能否从小养成自主探究习惯，直接关系到孩子在小学高段和中学阶段能否获得探究学习的能力。

习惯教育有方法

习惯教育不是对孩子说几句话这么简单。好习惯的养成，需要不断强化；坏习惯的改变，更需要长期努力。缺乏耐心，简单说教，都不是好的教育。家长要了解教育的规律与常规方法，选择适合孩子的方式并让其长期坚持，才会有意想不到的收获。

习惯养成有规律

教育是"知、情、意、行"的过程，习惯教育也要遵循这个规律。"知"，关键在于把习惯要点讲明白。比如，要求勤洗手，那么到底怎么洗？什么时候洗？怎么才是"勤"？比如，要求保护视力，平时注意什么，在学校上课时怎么做，课间怎么做，家长都要讲清要点，让孩子弄得一清二楚。孩子毕竟是孩子，家长说了不等于孩子就听懂了，听懂了也不等于就会了，因此要有耐心。"情"，即重视情境教育。孩子知道了习惯要求，不等于愿意做，还需要"情"的触动。"意"，指的是意志努力。习惯的养成，重在坚持，坚持需要意志力。"行"，就是一个个实际行动，这一个个看似平常的小行动，是最终形成好习惯的关键。

习惯在实践中养成

我非常注重对孩子在细节上进行点拨。如聚餐时，我引导孩子俩学会敬酒，从长辈开始敬，碰杯时自己的酒杯要低于客人的酒杯，最好起身走到长辈身边敬，这些细节我都会告知并示范。做了几次后，碰到宴会，不用我说，孩子俩常主动出去敬酒。

我瑞安市区的家在6楼，楼梯底层有电话门铃。一次，来客按着门铃不放，家里铃声响个不停，吵得孩子俩有意见了。客人走后，我引导孩子俩反思该如何按门铃，并让他们实地操作，一人在楼下按门铃，一人在楼上听声音，跑上跑下，既是游戏，又能长见识。许多事情，家长既要讲怎么做，又要告诉孩子为什么这样做。如开门就暗藏学问，我让孩子俩通过体验明白，开门、关门实际上体现了对他人的尊重。

优化孩子成长的小环境

环境对人的影响，无处不在，也许在家长并不知晓的时候，孩子已经感受到了。良好的环境促进身心健康，特别是人文环境，起着熏陶作用。从古至今，有不计其数的书香世家、武术世家、经商世家，这些家族的兴旺很大程度上得益于良好的家庭环境。而低劣的环境，会对孩子造成伤害。家长没办法改变社会大环境，但完全可以通过合理选择，优化家庭小环境，让孩子接受更多的积极影响，从而减少消极因素对孩子的影响。

孩子俩学习习惯特别好，跟我有意识地营造家庭劝学环境有关。

孩子俩从幼儿期开始就有书房，上学后，学习室也设在书房里。我家厨房、客厅在楼下，书房在楼上，相对安静，学习的时候少有人打扰。我特意在家里营造了浓厚的劝学氛围，如墙壁上的名人名言，不经意间放置在书架上的新书，不时放在书桌上的有关科技新成就的新闻报刊，都让孩子俩兴奋不已。

恰当使用奖惩手段

习惯养成过程中，大人的评价发挥着重要作用。评价是一门艺术：评价要客观，对就是对，错就是错，不能模棱两可；评价要及时；评价要多元化；评价要一以贯之，不能朝令夕改；努力取向评价胜过能力取向评价。

教育的基本方法是尊重与要求相结合，表扬与批评相结合，奖励与惩罚相结合。表扬不嫌多，批评要精准；表扬可以公开，可以夸张，而批评要尽可能地避免伤害孩子自尊心。孩子俩小时犯了错，我常常选择关起门来教育；当孩子承认错误决心改正，就可以打开门表扬他们了。

靠意志做努力是有难度的，因此，必要的奖惩不能少。最好的奖励，是让孩子获得荣誉感，精神奖励比物质奖励更有价值。对屡教不改的孩子，批评、惩罚不可少。惩罚不是体罚，剥夺孩子荣誉的惩罚是首选。惩罚之后，家长要让孩子有一定时间的情绪体验，事后要辅助合适的补偿赏识，这样孩子才会有更深刻的情感触动，才会有更好的意志努力。

孩子俩小时候，我在家庭教育中创新了"100个好"评价，凡表现进步的，加几个"好"；凡表现不佳的，减几个"好"；达到100个"好"，满足孩子一次合理的需求。这个方法就是奖惩并用。

引导孩子从他律到自律

家规＋评价，是我家庭教育最重要的经验之一。我的做法是，与孩子共同制订家规，让孩子执行自己制订的计划。比如：我要求孩子讲卫生，具体怎么做，我会让孩子自己定，定下来的就是家规。其他习惯要求也一样，宏观上我提出要求，至于具体怎么做，大多由孩子自己制订计划。家规做好了，还要做评价，特别是注重自我评价。孩子俩的"100个好"评价，大多情况下由孩子自己申请加几个"好"，并说明理由。孩子俩为了多得几个"好"，事先会想好到底申报哪些事项、给出什么理由，这是在引导孩子反思。反思多了，对规则就越清楚，孩子俩也就越自律。

家规是他律到自律的桥梁

自然人讲自由，社会人讲规则。教育，要把自然人培养成社会人，首要任务是让孩子遵守规则。

社会规则，是在道德与法律的基础上形成的。幼小的孩子，心灵如同一张白纸，家长要及早培养孩子对道德、法律的敬畏感。家庭教育，要通过家规的形式，对孩子进行道德、法律规范及社会真善美的规则的强化教育。

如何做好家规教育

我家孩子俩小的时候，我在家规教育方面下足了功夫。我特别注意以下几点：

第一，规则要明明白白。家规，要让孩子听懂是什么意思。比如，孩子俩小学阶段上网的家规是"可以查资料、收发电子邮件、完成老师布置的作业，可以看科学类网站、作文类网站、新闻类网站，但不能看无关的内容；一般一次不能超过半小时；单独一人不能上网"。特别是禁止之类的家规，不能含糊其词。比如，"每天晚上6点到6点半可以看电视，其他时间未经父母同意都不能看"，这规则就很清楚。如果说成"少看电视"，孩子就不清楚怎样算是"少"。

有一次，我朋友带孩子到我家玩，那孩子一来就先把孩子俩在书房的筷子算式弄乱了。孩子俩马上再摆一次，朋友的孩子又破坏一次。后来孩子俩就说，这哥哥真坏。我借机引导，随后形成了"未经他人同意不能动他人的东西"的家规。对规矩清清楚楚之后，孩子俩也就不会随意动他人的东西。

家规，要一条条书面写下来吗？我觉得，书面约定也行，但口头约定更方便。孩子俩小时候的家规，基本上都是口头约定。不管哪种形式，让孩子明明白白知晓家规就行。

第二，注重动态生成。我家家规的约定，都是在生活中动态形成的。孩子俩小时候，我不提倡多吃西餐。可我女儿想吃点西餐，好几次都故意少吃早餐。我想不允许吃西餐的规则，本身并不合理，于是与她商量约定，每周安排一次吃西餐，女儿很满意，于是早餐问题就解决了。

此外，对饮食有冰的不吃，油炸的不吃，怪味的不吃的"三不吃"家规，这不是我想当然规定的，而是在生活中动态形成的。我母亲有高血压，常说油要少吃，孩子俩自己总结了"油炸的不吃"。这不一定科学，但是孩子俩自己总结、认同的，就成了家规，也就要遵守了。"冰的不吃"是来自我母亲的观点，孩子俩认同。"怪味的不吃"是孩子俩自己想出来的。他们在超市发现一些味道不正常的食品，就会跟我讨论怎么回事，也就有了这条家规。

第三，重视民主讨论。我家家规大多是民主协商而来的。比如，好几次孩子在楼梯上摔倒，我们就讨论了走楼梯时如何讲安全，后来有了"走楼梯时要互相提醒讲安全"的家规。比如，孩子俩吵架了，我想这是孩子的天性，吵吵闹闹没关系，经讨论后，有了"可以吵架、不能打架"的家规。因为有孩子参与讨论，家规相对好执行。

比如孩子俩小时候的家规，口渴了只喝温开水，每天可以喝1—2瓶牛奶，未经大人许可不能喝可乐、雪碧等碳酸饮料。有一次，一家人去亲戚家喝喜酒，酒桌上大家都喝可乐、雪碧，孩子俩看着我不敢喝。亲戚批评我太过分了，哪有孩子不喝可乐、雪碧的？当时我也很尴尬。回家后，孩子俩讨论这件事，认为平时不喝可乐、雪碧是有利于健康的，但外出也不喝会让他人批评，还是随大流喝点好。后来，这条家规便改成：平时在家不能喝可乐、雪碧，特殊情况下可以喝，外出做客时随便喝。民主讨论定下来的家规，相对有道理，也好执行。

第四，奖罚要分明。有了家规，要讲究"执法必严、违法必究"，奖罚要跟上。孩子毕竟是孩子，家规教育应以表扬与奖励为主。孩子俩小时候，只要在家里守规则，都会受到我的表扬。出门做客之前，我会与孩子俩讨论应有的规矩，回家后，又会进行总结，表扬孩子俩的良好表现。

孩子违反家规了，该批评时就要批评。多次批评无效的，要么是家规不合理，那就早点改；要么是需要严厉批评，甚至进行必要的惩罚。特别是涉及那些与核心价值观相关的规则，家长必须要有威严，不能随便妥协。孩子的成长是与规则斗智斗勇的过程，如果孩子对规则进行试探，家长任其发展，孩子就会摸透家长的心思，有一次妥协，就会有第二次，最后规则就被破坏了。

我创新的"100个好"评价，发挥了重要作用。孩子俩对家规很自律。拿"可以吵架、不能打架""走楼梯时要互相提醒讲安全"的家规来说，好几次孩子俩在楼下吵架，都哭了，上楼时还会互相提醒"弟弟小心""姐姐小心"，但上了楼后继续吵架。走楼梯互相提醒，这是义务；可以吵架，这是权利。这就是家规的教育力量。

使用家规的目的不是为了管理，而是育人

管理，是为了把事情管理好；而教育，是为了把人教育好。教育永远大于管理，当管理与教育矛盾时，要先考虑教育。

每个孩子都不一样，教育孩子要讲究一把钥匙开一把锁。家规的使用也一样，要讲究适应性。当家规与孩子的幸福成长产生矛盾时，不能总是让孩子服从家规，而应该把不适合孩子的家规调整好。

教育的艺术，在于通过他律最终形成自律，使用家规也一样。要引导孩子明白一条条具体的家规的道理，不断地反省到底要怎么做，为什么这样做，怎样才能做得更好，从而让家规的他律变成孩子行为习惯的自律和道德的自律。到了青春期，随着孩子独立性的增强，家规的教育作用慢慢减弱，就要适时退出，要以法律、道德修养的教育取代家规。

"100个好"评价的教育真理

家庭教育需要家规来规范孩子的行为标准。有了家规之后，落实得好不好，则需要评价来鼓励、监督与纠正。

从"存折"评价到"100个好"评价

我的家庭教育理念受蔡笑晚先生的教育思想影响较大。蔡笑晚先生家，对孩子的评价是"存折"评价法。6个孩子每人1个"存折"，表现好可得评价分，表现不好扣评价分，年终到父母处"提款"，相应积分对应相应数量的现金，孩子们可以自由使用这笔现金。我感觉这个非常好。我家孩子俩2岁时，我借鉴蔡先生的评价法，创新了"100个好"评价法。

评价的内容包括习惯、道德品质、学习表现等方方面面，如是否自觉吃饭，是否自己穿衣服，是否对客人有礼貌，是否关心他人。表现好，加一个或者几个"好"；表现不好，减一个或者几个"好"。达到100个"好"时，就满足孩子俩的一个合理要求，或吃些喜欢的食品，或买些喜欢的东西。

评价的内容大多是生活中的小事。比如，孩子俩在一次吵架中，把房门弄出很大声响，风平浪静之后，我说："吵架之后能马上和好，说明你们很重情义……只是，关门没必要弄出这么大声响吧？"孩子俩说，生气时控制不住。我说，能控制情绪就是高情商。几天后，孩子俩又吵架了，发出的声响明显减弱。我说："才这么几天，你们的情商就提高了，真不错！"事后，我们就这次表现，做了加减几个"好"的评价。对孩子的学习，特别是考试成绩，基本上不与"100个好"评价挂钩。学习方面，我感觉学校已经有评价标准在，没必要再强化，这样也可以让家庭评价与学校评价互补。

幼儿期的评价，大多是由我提出加减几个"好"，孩子俩基本上都会接受。我在加减"好"时，会跟孩子俩分析原因。小学时的评价，一般在双休日进行，由孩子自主申报几个"好"。孩子会事先想好到底申报什么事情，包括在学校、在家里的表现。孩子提出加几个"好"，我原则上都同意。有时候孩子俩之间意见不一了，那就讨论之后再定。

加法过程都是快乐的。在做好加法之后，我会适当选择些孩子俩所表现出的不当行为进行分析，用减几个"好"以示批评与惩罚。减几个"好"总是不舒服的，孩子俩常常面红耳赤，有时候甚至会被弄哭，对此我会通过分析酌情给予调整。

当有一个孩子达到100个"好"时，我就让孩子俩提出一个合理的要求，并给予满足。孩子俩幼儿期希望的奖励，大多是吃东西、买玩具。因为家规"三不吃"中有油炸的不吃和冰的不吃的规定，平时吃得少的东西自然是最想吃的，所以很多奖励都是吃炸鸡、吃冰激凌。

有时候，我会把旅游等作为奖励目标。在我女儿4岁时，我打算暑假带她去青岛玩，早早对她说如果达100个"好"，就可去旅游。那段时间，女儿表现特别好。飞机票其实早就买好了，我有意设计好，使得出发前一天正好能达到100个"好"，第二天按时出行，女儿很有成功感。

孩子俩总是记得几个"好"。因此，每次我忘记了是几个"好"时，就先问现在是多少个，再做相应加减。

"100个好"评价富有情感，使孩子俩时时感受到家人的关心和爱护，时时感受到成功的快乐，对他们产生了非常重要的引导作用。孩子俩成年后，有时总开玩笑对我说："什么时候有100个'好'？"

"100个好"评价背后的教育真理

第一，是"哪壶开了提哪壶"。每个孩子都有精彩的一面，也有幼稚、不足甚至可笑、可恼的一面，家庭评价重在激励。比如烧开水，哪壶开了提哪壶；如果盯着没开的壶，徒增心理压力，而且不一定都有必要，只是迟开一会儿。

好的评价，要基于孩子努力的起点，放大孩子的闪光点。孩子的表现是综合的，不同时期，孩子综合素养的方方面面表现形式都会不一样。前天，幸福感特别强，可探究精神不够；昨天，学习很认真，可价值观有偏差。同一事件，从思维上看，可能有偏激；从行为上看，可能对人有伤害；但从出发点来看，可能是善良的。家长宜站在高处，从多个视角进行观察，发现各种努力的表现，动态地给予评价。

第二，奖惩并用。教育的规律，要表扬与批评相结合，要奖惩并用。

教育需要奖励，奖励重在给孩子荣誉感。我有意设计，孩子俩不管谁先达到100个"好"，两人都统一获得奖励。同样是吃炸鸡，这次获100个"好"的孩子会有荣誉感，即"你这个炸鸡是我赚来的"。这样设计也能淡化竞争氛围。我觉得,蔡先生家有6个孩子,竞争更利于激励上进;而我家孩子俩,竞争过分了不利于亲情。这是我借鉴蔡先生评价理念之后的灵活运用。

"100个好"评价,在奖励的同时,创新了减少"好"的惩罚方式。有时孩子犯了错,我一下子减了几个"好",孩子自然会难过,甚至会哭起来,这也算是发挥了惩罚的教育价值。

第三,引导自律。自律,是自我反省、自我控制、自主计划、自主管理,其中自我反省是基础。与孩子商量加减几个"好",孩子向家长申请几个"好",这个过程本身就是自我反省的过程。古语说"吾日三省吾身",这么高深的道理,通过看似游戏的家庭评价方式,得以很自然地执行起来。孩子不断反省,自我控制、自主计划、自主管理也都会理顺成章,利于变他律为自律。

一次,我女儿想吃炸鸡,因表现特别突出,已经获得87个"好"了。一天,我母亲感冒了,我示意妻子悄悄叫女儿为奶奶倒开水。之后,我大为表扬,问女儿应该加几个"好",女儿说加2个"好"。我说,孝顺长辈很可贵,而且是主动做,加10个"好"。晚上女儿对我说,是妈妈叫她倒开水的,不是自己主动做的,应该少加几个"好"。我表扬女儿说,诚实比倒开水更可贵,再加3个"好"。这下女儿就达到了100个"好"。第二天,我们一家人去了餐馆。自律素养,往往就是在这些看起来鸡毛蒜皮的小事中悄悄形成的。

"100个好"评价与星卡评价相得益彰

我国基础教育第八次课程改革,将教育评价摆在重要位置,倡导多元评价、过程评价、努力取向评价。"100个好"评价基本符合新课程改革的理念。评价关注孩子的闪光点，这是多元评价；评价贯穿孩子成长的全过程，只要有空就可以评价，这是过程评价；评价孩子素养的诸多方面，以及不断改进的努力程度，这是努力取向评价。尤其是通过自我反省引导自律素养的创新，技高一等。

2002年，我将"100个好"评价应用到学校教育，在瑞安市安阳实验小学原创星卡评价，其中充分体现了多元评价、过程评价、奖惩并用、引导自律等特点。《人民教育》《中小学管理》《中小学德育》等权威期刊都发表了我的经验文章。全国几千所学校推广应用我的评价方法，包括山西省灵石县全县的小学，我家乡有几个县的教育局也发文推广。并且，我的评价方法在2021年获得教育部课程教材研究所优秀课改项目奖。在学校教育中的成功应用，也说明了"100个好"评价是符合儿童教育规律的好方法。

孩子俩曾在瑞安市安阳实验小学就读过，家里有"100个好"评价，学校有星卡评价，对习惯自律产生了重要影响。

幼儿期，家庭评价是良好习惯养成教育的重要抓手；学龄期，家长在了解学校评价的同时，如果能在家里也设计一项孩子喜欢的评价方式，是很有意义的。当然，每个孩子都不一样，"100个好"评价不一定适合所有孩子，但其理念是可以借鉴的，正如我借鉴蔡先生家的"存折"评价方法一样。

巧用"赏识·期望·引导"模式

赏识与期望是心灵的鸡汤,不仅能抚慰孩子的心灵,更能激发自信心,有利于良好习惯的形成。

赏识孩子的精彩

每个孩子都有精彩的一面,家长要从横向比较发现孩子的优点,从纵向比较发现孩子的进步,用显微镜般的眼光发现孩子的闪光点。孩子犯了错误,当然得批评甚至惩罚,但即使批评、惩罚了,家长也不能放弃对孩子表示赏识,可以赏识孩子这次犯错比上次程度变轻了,赏识孩子改正的态度,赏识孩子其他方面的优点。

我家孩子俩幼儿时,每当我下班回家,都会向我汇报一天中发生的"大事",有趣事,有感想,也有犯的错误。上学后,孩子俩也常向我讲学校里的事,或同伴关系,或学科学习,或校内见闻。我的方法就是不住地点头。当我选择赏识时,孩子就喜欢对我讲。

对孩子饱含期望

孩子好习惯的形成,需要持之以恒的正能量,不良习惯的改变同样需要一个过程。对一些暂时难改变的品质或者需要长期努力培养的习惯，与其要求过于苛刻，既给孩子过大的压力，又让自己下不了台，不如放低要求，提出切合实际的目标。当家长对孩子饱含期望时，一般孩子都会表现出积极上进的精神面貌。

怎样的期望值才算恰当？这正如小猴子摘葡萄，只有跳起来能摘到葡萄时，才会尽全力去摘；倘若跳起来也摘不到，就会想"摘不到的葡萄是酸的"，也就缺乏动力了。

孩子俩读小学时，我对学习成绩的期望是：各科成绩90分以上，多看课外书。我之所以没有确定98分或者100分的目标，是因为我觉得期望值过高，会给孩子造成心理压力。我儿子跳级后，我对他的学习成绩没提要求，只是在超前学习上给予期望。我女儿刚读初中时，我给定的班级名次目标为第20名。相对宽松的期望值，既让女儿不断获得自信，又为她自学创造了条件。

引导孩子学会自我期望

孩子都喜欢与他人竞争并希望获得比他人更棒的体验。孩子幼时会与兄弟姐妹竞争、与邻居同龄孩子竞争，上学后会与同学竞争，这是天性。与他人竞争，固然有进步的动力，但孩子在成长过程中，最大的动力来源于自我期望。如果孩子形成在原有基础上不断进步的自我期望，就会表现出良好的精神面貌。

2006年底，我在新浪网开通了博客，后来我意外地发现，可以通过这博客向孩子俩传递期望。孩子俩常常看我的博客，不时受到激励。我女儿小学毕业后，我马上写了篇文章，其中总结到我女儿耐挫折能力特别强。实际上，毕竟是孩子，她哪能做得这么好？我女儿读了文章后，很自然地对自己提高了要求，这就达到自我期望的价值。我意外发现这个教育渠道后，有意识地开辟了"美文欣赏"板块，选载了一些哲理美文，如《苏格拉底的教诲》《最棒的玉米》《走错的路也是路》等，孩子俩悄悄看后，不知不觉中形成自我期望。

"赏识·期望·引导"模式

赏识教育、期望教育，都是很好的家庭教育方法，可以单独使用。不过，我更喜欢将这两种教育方法进行组合运用。缺乏赏识，孩子会对家长不信任，甚至产生抵触心理。这时候，家长的期望，就不太容易为孩子所接纳。而如果只有赏识，缺乏应有的期望，孩子会找不到目标。

为此，我尝试着构建"赏识·期望·引导"模式。赏识是为了激发孩子的信心，从而产生上进的愿望；期望是为了明确孩子的目标，从而明确上进的方向；引导是为了帮助孩子促成目标实现，从而使孩子走向成功；成功之后，再及时给予赏识，从而形成螺旋式上升的新的期望和引导。

这个模式很好用。先对孩子表扬，肯定优点；然后与孩子聊聊，提出期望目标；之后一段时间，给予必要的引导；等孩子有了进步时，再及时给予赏识，让孩子体验成功感。

我女儿读小学六年级时，有次参加学校奥数比赛，获女生组第一名。我说"爸爸只知道你作文好，想不到你数学也有天赋"，这是赏识。然后我提出期望："平时你喜欢看课外书，好像以文科类为主，是否也看些理科方面的书?"我女儿说试试看。女儿就请我儿子推荐一些理科类的书,儿子推荐了几本奥数的习题书,女儿看了看,并不喜欢。我说,看习题当然没意思啦,就带女儿去新华书店买了自己喜欢的一些书。这里,我用的方法就是引导。女儿不喜欢看习题时,我如果听之任之,万一女儿形成了"自己数学思维不行"的想法,就有点前功尽弃了。

我曾在学校教育中推广过这个模式。2004年,我参加杭州西湖博览会的名师名校长论坛活动。听到演讲嘉宾谈赏识教育时,坐在我身边的北京景山学校原校长贺鸿琛教授轻声说,只有赏识不能算好的教育,孩子不一定会知道方向。轮到我演讲时,我讲了"赏识·期望·引导"模式。贺校长认为这个方法有意义,晚上叫我到他房间聊了好久。2005年,中央教育科学研究所李树珍教授来瑞安市安阳实验小学指导,高度称赞"赏识·期望·引导"模式。

从习惯自律到道德自律

自律习惯，重心在习惯，难点在自律。什么是自律？它指的是自觉遵循规则，自我约束。在我看来，自律就是自我反省、自我控制、自主计划、自主管理。

古今中外，人们对自律的重要性都高度重视。比如唐朝张九龄就说："不能自律，何以正人？"

自律，不是顺其自然

常听到有些家长说，教育孩子还是顺其自然好，让孩子幸福些。我认为，这话如果针对学习"卷"到影响孩子身心健康的现象，是有积极意义的。但如果对习惯教育、道德教育也顺其自然，孩子的成长将充满风险。对于孩子的教育，应该顺应天性而为，不应该是顺其自然。

孩子的成长，是从依赖父母到逐步独立的过程，具有内在的自然生长规律。有教育家说，教育是农业不是工业，指的是要遵循孩子成长的自然规律。但是，正如小树的生长，外力完全可以给予更好的阳光、雨露，帮助除虫、剪枝，如果没有这些外力，会影响正常的生长速度，或者会导致野蛮生长。

顺其自然并不是培养自律能力，而是放弃教育责任。只有通过他律培养了孩子的自律素养，那时候顺其自然才是教育的一种境界。

从他律到自律

与自律相对应的方法是他律。德国哲学家康德、瑞士心理学家皮亚杰都论述过自律和他律的关系。对这些理论，家长没必要非弄清楚不可，但需要大体上知晓自律与他律是怎么回事，这是教育的常识。

教育，是把自然人培养成社会人的过程。让孩子遵循社会规则，既需要他律，也需要自律，要通过他律的外力，修炼出自律的内力。

教育有很多方法。比如说服教育法，通过摆事实、讲道理，使孩子提高认识、形成正确观点。榜样示范法，通过他人高尚思想、模范行为和卓越成就来影响孩子品行。实践锻炼法，有目的地安排孩子进行一定的实践活动以培养良好的品行。自我修养法，引导孩子自觉学习、自我反省和自我行为调节，完善品行。情感陶冶法，创设良好的生活情境，潜移默化地培养孩子品行。品行评价法，对孩子的品行进行肯定或者否定的评价，促进其发扬优点、改正缺点。奖惩并用法，用奖励激励孩子，用惩罚警醒孩子。

每一种教育方法，首先都是从他律开始。在他律的过程中，孩子会逐步懂得道理，慢慢地会变得自律。如果有意识地让孩子反省，他律变自律的过程会缩短。引导反省，是他律到自律的桥梁。

我家孩子俩教育过程中的家规教育，之所以注重动态生成、民主讨论，用意在于引导孩子反省。我创新的"100个好"评价，最核心的经验也在于引导孩子反省。

从习惯自律到道德自律

自律，从习惯着手比较合适。但是，抓习惯的目的不只是为了培养习惯。教育的根本任务在于立德树人，习惯自律的目的，还在于培养道德自律。

什么是道德自律？它指的是孩子自觉遵守道德规范，从而形成良好的道德品质。

孩子的道德发展，也是由他律逐渐地转向自律的过程。年幼孩子的道德评价主要依赖于成人的评价，处于他律期。随着年龄的增长，孩子的道德判断逐步摆脱了成人的影响，在评价某种行为的是非时能依据自己掌握的道德准则对行为作出判断。这种由自己掌握的价值标准支配的道德判断具有主观性。

从道德发展规律看，道德判断是否具有主观性，是决定一个人能否实现自律的关键。什么是主观性？就是孩子有自己的想法，有独立思维。

习惯与道德是紧密相连的。良好习惯，是遵守道德规范的行为；道德品质，通过行为习惯表现出来，并在良好行为习惯形成过程中得到发展。

家长抓自律习惯时，不知不觉中也在抓道德自律。注重自律习惯的家长，会让孩子加快建立自己的独立思维，在自我反省、自我控制、自主计划、自主管理的过程中，加快道德自律的形成。

从自律习惯到自制力

自律习惯抓到一定程度，会变成自律能力，也就是自制力，通俗地说，就是经得起诱惑。自制力在习惯教育中形成，会迁移到道德自律的品质上来。

我在家庭教育中非常重视自制力的培养。比如我家孩子看电视的家规，非约定时间和节目是不能看的。这对幼小的孩子来说，是极难做到的，而孩子俩基本上能做到。也许有人会认为，电视多看会儿，有什么问题？我觉得，这不是看不看电视的问题，是自制力培养的大事。

孩子俩原则上不能喝可乐、雪碧的家规，也是锻炼自制力的重要实践。有段时间，我特地把可乐放在客厅，孩子俩进进出出都看得到。可乐毕竟味道好，孩子肯定想喝，但因为家规规定不能喝，这就需要很强的自制力。对这一点，我曾反复思考会不会不妥，但一想到即使有点不妥，对培养自律素养的大事来说，也是值得尝试的。实际上，孩子俩不仅锻炼了自制力，还因经得住诱惑，不断得到他人的表扬而产生荣誉感。

自学素养

自学，首先是习惯，其次是方法。

学习习惯，幼儿期抓作息时间自主管理、自由阅读、自主探究和自信说话习惯，学龄期抓勤学和自学习惯。

自学方法，可以从自主选择作业开始，尝试拓展学习、探究学习，具备一定能力后再尝试超前学习。

学习是个综合的系统

孩子的学习有内在规律，智力和习惯是基础，动力是决定因素，方法能产生重要影响，有效的个性化教育帮助发挥扬长补短的作用。

智力和习惯是基础

智力，包括观察力、记忆力、注意力、想象力、思维力、创造力等。判断孩子的智力好不好，主要看智商。人的智商水平呈正态分布，50%左右的人智商在90—110之间；智商130以上的为天才，大约占3%；智商70以下的为智力缺陷者，也大约占3%。孩子的智力是天生的，是有差异的。智力好的孩子，记忆力强，注意力容易集中，想象力丰富，思维力、创造力更容易获得提升，学习会明显轻松些。智力特别好的孩子，在小学高段相对容易习得学习方法，如果习惯、动力没有出现问题，那么在中学阶段成绩拔尖的可能性就大。

智力对于学习来说固然重要，但仅仅只是基础。一方面，正常智力范围内的孩子，智力是动态发展的。智商高的孩子，如果不努力了，智力就会慢慢下降；智商一般的孩子，如果努力了，智力会慢慢上升。另一方面，学习还要靠习惯、动力和方法。

如果说智力是先天带来的学习的基础，那么习惯则是后天形成的学习的基础。抓住了婴幼儿期这一习惯教育的黄金期，孩子上学时会具有明显的优势。小学低段是习惯教育的白银期，如果这时期良好习惯养成了，那是喜事；而如果习惯教育依然不理想，到了小学中高段，问题就会慢慢显现出来。我们做教师的都发现，四五年级学生的学习成绩会出现明显分化。这时候的课程内容总体比较浅，智力影响还不大，之所以分化的主要原因在于习惯差异。

学习需要动力，也需要方法

学习的动力，包括内驱力和外驱力。外驱力，有环境熏陶、评价激励等；内驱力有兴趣、志向、成功感、价值观、意志力等。在小学低段，外驱力和内驱力的作用旗鼓相当。越到高年级，外驱力的作用逐步减弱，内驱力越来越成为关键因素。有些孩子在小学低段学习成绩不错，到了青春期却迅速滑坡，根源在于精神成长的偏差损害到学习的内驱力。重视自立素养，能更好地引领孩子精神成长，也能更好地呵护孩子学业顺利发展。

有了学习动力，如果再掌握了学习方法，那么学习就如虎添翼。学习有方法，首先是明确学什么，其次是摸索怎么学。

学什么？从课程核心素养着手。2022年教育部印发的《义务教育课程方案和课程标准（2022年版）》，对语文、数学、科学、英语等各学科都提出了课程核心素养，希望教师围绕这些课程核心素养进行教学，这无疑是个进步。

在我家孩子俩小时候，我已经高度重视课程核心素养，而且把复杂的问题简单化，并付诸实践。在我看来，语文、英语的核心素养就是听、说、读、写，数学的核心素养就是数学思维、数学语言，科学的核心素养就是探究兴趣、探究方法。

怎样学？从课程角度看，要遵循核心素养的学习规律。

比如语文的听、说、读、写，是一个依次提升的素养要求。听、读是吸收，相对容易些；说、写是运用，难度大些。如果没有小学阶段大量阅读的积累，中学阶段的语文是很难拔尖的；如果只是大量阅读而忽视了说，只吸收不运用，能力形成就会慢。写作以说为基础，如果没有从小培养孩子说话的习惯与能力，希望通过社会培训班一下子把写作水平提上来，是极其困难的。

比如科学，它不是做题目。从小养成探究习惯，上学后热爱探究，就会在探究过程中形成探究方法，有了探究方法的加持，学习科学既快乐又高效。只是记忆、写作业，科学的学习很容易乏味。

从孩子学习方式的角度看，学习方法有跟着教师学和自学之分。刚上学时，需要跟着老师学。但是，跟着老师学的重心是"学"不是"跟"。教育界有句名言，"教是为了不教"。那么相对应的，孩子的学习理当"跟是为了不跟"。不懂的地方跟着老师学，自己完全可以学懂的则应该自学。

孩子俩从小喜欢自学，在自学过程中，孩子俩摸索出拓展学习法、探究学习法、超前学习法等高效自学方法。

自学，是在智力、习惯的基础之上，在学习有动力的前提下的高阶学习方法。如果没有习惯、动力的条件，想自学是不可能的。我在家庭教育中引导孩子俩自学的同时，做校长20多年间也一直在学校推广自学方法。我的经验是，小学低段可以从自由阅读、自主探究、自主学艺、自主健身开始尝试自学，小学四五年级可以从自主选择作业开始摸索语文、数学、英语、科学课程的自学方法，只要引导得法，成绩在班级前三分之一的孩子，是可以形成自学能力的。

教学的本质是帮助孩子构建适合自己的学习方式

每个孩子都不一样，孩子的学习方式也会不一样。教学的本质不是学知识，而是帮助孩子形成适合自己的个性化学习方式。所以，很需要教师和家长给孩子提供个性化帮助。

个性化帮助包括两个方面：一是习惯、动力方面，二是学习方法方面。习惯、动力方面的个性化帮助，教师当然会抓，但毕竟一个班几十人，教师的精力是有限的，而家庭教育在这些方面有更大的作为，应该追求与学校形成更好的合力。

学习方法方面的个性化帮助，主要靠教师。术业有专攻，家长不可能对每门课程都懂。但家长了解孩子学习的规律，可以更好地配合教师，共同引导孩子形成个性化的学习方式。

每个孩子都不一样，教育孩子要讲究一把钥匙开一把锁。孩子的学习出现问题，家长不能想当然地只是找培训班补课，而是要从学习的系统中寻找原因。习惯问题抓习惯，动力问题抓动力，方法问题找方法，对症下药，才有可能有点效果。

引导孩子"玩中学"

玩是孩子的天性，孩子一出生，就通过玩来了解世界。学习也是孩子的天性，比如孩子学语言，都不需要刻意教，就能很自然地学会。

玩与学并不矛盾。幼儿期以玩为中心，并不意味着不能学习；学龄期以学为中心，学习中也少不了玩的因素。幼儿期"玩中学"，上学后亦学亦玩，不仅学得更有效，也更能享受童年的幸福。

我家孩子俩婴幼儿时，我常以游戏引导孩子学。如"狼与羊"的游戏：我和孩子俩各手持玩具狼与玩具羊赛跑，羊被狼抓住了，狼说"如果你们谁能解决我的难题，我就放了羊"，于是，背古诗、做数学题、解决生活中的难题就成了一种情境性的学习，这种快乐的学习本身就是玩。狼还会说"谁能锻炼身体20分钟，我就放了羊"，或"谁能画一张画，我就放了羊""谁能把客厅的地板擦干净，我就放了羊"，孩子俩同样都抢着做。

孩子俩从小互相有伴，上学后都一直玩得很开心。到读高中了，他们还喜欢玩小朋友的游戏。

以课程观引导孩子的游戏

幼儿的玩主要是游戏，大多游戏是随机的。家长如果用心，可以引导孩子从随机的玩逐步转向有目的的"玩中学"。

孩子俩出生时，我在教育局工作。学校管理，很重要的一项是课程管理。我想到，实际上家庭教育中也应该有课程意识。于是，我从课程的角度审视、引导孩子俩玩。孩子俩玩得开心，玩中有学习；学得有趣，学习中结合玩。这是我家庭教育中比较满意的做法。

孩子俩玩得最多的是乒乓球游戏，双方对打，做好记录。这是体育类课程。有段时间，他们创新了"乒乓球拯救星球"的游戏，想象有个魔王想害某个星球。如果孩子俩对挑乒乓球不到100个，魔王就会大笑；对挑100个以上，魔王就会哭；对挑200个以上，魔王就被消灭了。把打乒乓球与童话故事联系起来，长期乐此不疲，自然既益智，又能达到健身的效果。

语言类课程，主要有识字、阅读、背诵古诗、自信说话等。婴幼儿期，我家墙壁上贴着好多识字图，孩子玩具里有很多书，随便翻翻就能看到字，无形中孩子俩认识了很多字。家里有很多书，可以随时阅读，有时孩子根据书里的内容做点游戏，既是学习，也是玩。背诵古诗，是中国孩子的共性项目，孩子俩也喜欢。有意识地引导孩子自信说话，是我特别看重的素养。

写写打油诗，画画，唱唱歌，都属于艺术类课程。玩过家家游戏，既是语言类课程，也是艺术类课程。上学后，孩子俩喜欢自编自导自演儿童剧：有"生活剧"，如演校长与学生对话；有"历史剧"，如演诸葛亮与周瑜之间的战争；有"荒诞剧"，想象着穿越时空，如演小狮子治理宇宙。有的剧本还配有自己创作的主题歌、广告语等。有段时间，孩子俩设想把剧本故事出成一本书，游戏之后开始记录，记录了几百集。

数学类课程，有拼图、用筷子摆算式、用扑克牌算24点等。我对数学启蒙教育很重视，有意识地让孩子俩接触数字和图形，婴儿期的玩具书中就有数字故事书和地图拼图等。孩子俩2岁时，我在朋友家看到一个用旧了的数学算式玩具，如"1+1=?"，如果填"2"，玩具就会发出鸟叫声。我要了过来给孩子俩玩，不知不觉中，他们学会了简单的加减乘除计算。用扑克牌算24点，这个游戏他们从幼儿期开始一直玩到小学。如：10、10、4、4，四张牌的算式是（10×10−4）÷4=24。当然，我原创的筷子玩具最神奇，我甚至认为，儿子能成为数学家，跟这个玩具有一定关系。

科学类课程主要是自主探究。天文、地理、动物、植物、历史，孩子俩对一切都感兴趣。他们有段时间喜欢拆装家具玩。我在屋顶阳台添置了盆栽花草，并配备了木头、电线、螺丝刀等工具材料，孩子俩玩得不亦乐乎，这样不仅丰富了体验，也有利于学校课程的学习。

"玩中学"关系到习惯和道德品质

孩子不管玩什么游戏，都关系到习惯和道德品质。家长要特别注意，在游戏中引导孩子养成良好的习惯、培养高尚的道德情操，尤其要引导孩子树立正确的价值观。

第一，要遵守规则。孩子俩有时做游戏争了起来，谁是谁非我会有个评判。一般程序是：先了解他们制订的游戏规则，凡遵守规则的会受到表扬，凡违反规则的会受到批评。我教育孩子俩，不守规则的人，长大后会不受人欢迎。

玩游戏后，要整理玩具，要注意洗手，这些也都是习惯教育的要求。

第二，关注道德情操和价值观。凡是真善美的，都给予支持；凡是假恶丑的，都给予否定。

我反对给孩子俩买贵重的玩具。一次，亲戚送来标价比较贵的电子汽车，玩了几次后，我就不让孩子俩玩了。我觉得，孩子的世界应该是纯朴的，给孩子过于刺激的玩具，可能会促使孩子养成追求刺激的不良习惯，昂贵的玩具可能还会误导孩子产生虚荣心。

孩子俩的玩具基本上是实用型的，如棋类、球类、布娃娃、地球仪、卡通人物玩具等。有时候，根本就没有什么特别的玩具，无非是几张纸而已。如纸上走迷宫游戏，先画迷宫，再"走"迷宫。孩子俩很喜欢玩演儿童剧的游戏，基本上也不需要什么玩具。

孩子缺乏判断力，常会想出一些损害身心健康的游戏。这时候，家长就要及时给予引导制止。孩子俩有次玩从床上爬到桌子再爬到窗户的游戏，这很容易受伤，我发现后马上制止。还有一次，孩子俩爬到床底下玩，这明显不卫生，我也制止了。

有损身体健康的游戏相对容易被发现，而有损心理健康的，更需家长多一双慧眼。我不允许孩子俩玩打打杀杀的游戏，家里从来没有玩具手枪、玩具宝剑之类的东西。我认为，拿玩具手枪对着人玩，这是对他人的不尊重，我不允许孩子俩有这些在我看来是恶劣的行为。有一次，孩子俩买来变形金刚，很是喜欢。我发现那些变形金刚，头可转到后面，手脚都可以变形，马上引导他们不能玩。我觉得，在孩子眼里，这些变形金刚就是人的模型，把人的头、身体变形，这是一种残忍的行为。孩子俩舍不得这些变形游戏，我找了一些可以变形的数字玩具代替，孩子俩也很喜欢，那变形金刚自然就被淘汰了。

学习习惯要抓大放小

要想孩子学习好，习惯是基础。许多家长盯着很细小的习惯，比如字要写端正、声音要响亮、计算后要验算等，这也没错。不过，不能"捡了芝麻，丢了西瓜"。

幼儿期该抓什么学习习惯

以我的经验，作息时间自主管理、自由阅读、自主探究、自信说话，是最重要的学习习惯。

作息时间自主管理，不只是健康生活的习惯，也是学习的习惯。作息有规则，符合用脑卫生、用眼卫生、睡眠充足、运动足量的要求，能更好地保持学习兴趣。作息有规则，该学习时就学习，这是勤学的基础。该学习的时间，到底学什么？很自然地就会了解自学、尝试自学。

自由阅读，随便翻翻书，喜欢的看一会儿，不喜欢的不看；自主探究，感兴趣的探究一会儿；自信说话，把阅读、探究的过程和体会讲出来，没有孩子会不喜欢。阅读、探究、表达，是学习所有学科的习惯与能力基础。

我家孩子俩幼儿时，我特别重视这几个好习惯，小学低段依然将其作为重中之重的目标。后来，孩子俩勤学、自学习惯，也是在作息时间自主管理、自由阅读、自主探究、自信说话的基础上加快形成的。

以我的经验，即使在幼儿期错过了习惯教育的黄金期，小学低段抓这几个习惯也来得及，但如果等到小学高段再抓，就留有遗憾了。

我在广东碧桂园实验学校做校长时，面向全校小学生实施家庭作息时间自主管理计划；面向小学低段推广自由阅读，开设拆装旧生活用品的拆旧探究课程；创新家庭健康生活自主计划，让每个孩子设计家庭自主阅读、自主探究计划等，学校每周开设说话课，让孩子轮流讲家庭自主计划的实施情况。学校教学成绩在全区名列前茅，与这几个习惯教育分不开。

如何培养勤学习惯

孩子上学了，家长要马上抓勤奋好学的习惯。刚上学，孩子对学习有新鲜感，也特别听教师的话，正是勤学习惯养成的契机。小学高段，学习动力是保持勤学习惯的关键。

第一，基于兴趣。孩子常常会迷上一些感兴趣的东西，免不了废寝忘食。这时候，家长最好有意识地从勤学角度表扬。表扬勤学，孩子就会追求勤学；如果表扬"真聪明"，对自信心有好处，但对勤学习惯养成并不利。这里有个评价的学问：努力取向比能力取向评价更有教育价值。

第二，规则强化。如作息时间表对勤学习惯养成具有重要作用。孩子毕竟是孩子，贪玩很正常。有了作息时间表，玩得放心，学得也会安心，若能恰当处理学与玩，勤学习惯养成也就水到渠成。

第三，方法引导。小学低段，教师布置的作业并不多，勤学到底学什么？自由阅读、自主探究是最好的学习。大量阅读、适当探究，是培养勤学习惯的最好的抓手。小学高段开始，可以将勤学与自学结合起来。

第四，志向引领。志向会产生巨大的动力，当孩子心目中有个志向的灯塔在闪光时，就会更加勤奋。

第五，榜样影响。孩子俩小时候，我外甥、外甥女、侄儿、侄女都住在我家。孩子俩读小学时，我外甥被评为浙江省青少年英才。后来外甥女考上师范学校而成为教师，侄儿赴英国留学，侄女考上瑞安中学，外甥考上了上海交通大学硕士。哥哥姐姐的好学精神，潜移默化地影响到孩子俩养成勤学习惯。

勤学，是保证学习"量"的好习惯。"量"有了，希望有与众不同的成绩，还需要"质"的提升。自学，则是提升学习"质"的好习惯。

如何培养自学习惯

什么是自学？指在没有其他人的指导和教育的情况下，通过个人的方法学习到一定的技能或知识。

学习，是孩子的天性。婴儿学走路、学语言，即使大人不太管，孩子也会走路，也会学得语言。给婴幼儿一本书，孩子会通过自己可以理解的形式，看得津津有味。孩子总会有很多的问题，家长引导一下，孩子就会记住或者去探索。这些都是自学。

上学之后，大部分孩子反而不会自学了。主要原因是，从家长到教师都认为，孩子不懂事，需要跟着老师学才能学好。大人的这种教育观，束缚了孩子自学的愿望。慢慢地，孩子也认为，学习就得跟着教师学，无形中形成"等人来教"的习惯，没有教育者的指令，孩子从来就没有想到过可以自学。

孩子俩一直喜欢自学，跟我的引导有关系。刚读一年级时的一天晚上，我与妻子外出回家迟了，孩子俩很委屈，埋怨我们回家太迟。原来老师布置了听写作业，没人给他们报听写，所以他们没法写。我问："这些字词都不难，为什么非要听写不可呢？"他们说，实际上默写也可以，他们互相报一下也可以。我就说："这么好的办法为什么不用？你们上学了，怎么想着把爸爸妈妈'拉下水'呢？"之后，孩子俩学习上的事，能自己完成的，也就少叫我们代劳。

实际上，希望孩子养成自学习惯，并不难。

第一，鼓励自学。孩子俩小时候，我就引导他们，最好的学习是自学。孩子俩常与蔡笑晚先生见面。蔡家培养了5位博士、1位硕士，家庭教育最核心的经验是自学，蔡先生总是鼓励孩子俩自学，"要走人迹罕见的路"。家长的要求，名人的鼓励，孩子俩也就更喜欢自学。

第二，引导方法。幼儿期从自主阅读、自主探究、自主技能练习开始。这里的关键词是"自主"。家长引导孩子自己制订计划、自主管理，有空时让孩子说说学习的方法和体会，鼓励鼓励就可以。

孩子上学后，可以从尝试拓展学习和探究学习开始。到了小学高段，有能力的孩子，可以大胆尝试超前学习。超前学习是最难的自学方法，只有学会了超前学习，才是严格意义上具备自学能力。我儿子从小学开始超前学习，我女儿从七年级开始超前学习，都很快获得较强的自学能力。

我儿子的超前学习，主要是看教材和参考书，通过自己做习题来检验。大部分习题做得对了，他就往下学；发现习题错了很多，说明知识点没学透，他再找相关材料自学。

我女儿的超前学习，选择《教材全解》进行自学，比学校教学进度略微超前，自学中发现了问题，就在课余时间向老师请教。方法与习惯紧密相关。有了方法，学得踏实，更容易形成习惯。

第三，成功激励。每当孩子取得小成绩，我会赏识"这么快就会自学啦"，这无疑会激发他们的成功感。当孩子考得不理想时，我常说"都是自学的，也只比同学少那么几分，看来自学得很好，只是要总结自学方法"。这时候，孩子会形成"成绩不理想要总结自学方法"的认知。如果孩子考得不理想，家长马上想找老师补课，孩子会认为"要想成绩好，靠自学是没有用的"，这就会动摇自学习惯的心理基础。

当前社会竞争很激烈，家长内心也不平静。今天盯着分数，明天盯着比赛，家长累，孩子也累。实际上，学习是长跑，如果养成良好的学习习惯，从长远看，学习上取得优秀的概率会更大。

学习的动力

孩子是天生的学习者。这里的"学习",指的是自由学习。而基于学校课程的学习,常有不喜欢的内容,还有一些硬性的任务,有的孩子就怕苦了。怕苦也是孩子的天性。所以,孩子的学习需要家长引导,给予孩子必要的动力。

学习的动力,有外驱力,如环境熏陶、评价激励等;有内驱力,如兴趣、志向、成功感、价值观、意志力等。在小学低段,外驱力和内驱力的作用旗鼓相当。越到高年级,外驱力的作用逐步减弱,内驱力越来越成为关键因素。

孩子的学习离不开外驱力

环境熏陶要抓住幼儿期和学龄期,劝学的价值相当大。我家孩子俩从幼儿期开始就有书房,我特意在家里营造浓厚的劝学氛围。墙壁上的名人名言,不经意间放置在书架上的新书,不时放在书桌上的有关科技新成就的新闻报刊,都让孩子俩兴奋不已。

一家人,大孩子是否勤奋好学,会对家庭学习氛围产生较大影响。孩子俩小时候,我外甥、外甥女、侄儿、侄女都住在我家,外甥彬从初中开始勤奋好学,带动家庭形成良好学风。蔡笑晚先生也曾与我谈到他家6个孩子的学习，其中老大蔡天文从小学习非常用功，带动弟弟妹妹们也勤奋好学。

评价激励是重要的外驱力。评价要客观，对就是对，错就是错，让孩子口服心服。评价要多元，让孩子看到自己的长处与不足，从而增加上进的动力与努力的程度。评价的价值取向分能力取向与努力取向。能力取向评价，将孩子的得失归因为能力，强调客观因素；而努力取向评价，将孩子的得失归因为勤奋程度，强调主观因素。我更倾向于努力取向评价，在取得成绩时，将其归因为通过努力得来，孩子会更有动力。当碰到挫折时，让孩子意识到，是因为不努力了而出现问题，孩子可能会更想通过努力改变现状。如果把挫折归因为能力，孩子可能会自卑，还会影响通过努力来改进的动机。

评价的主要作用是激励。我原创的"100个好"评价，对孩子俩的学习产生巨大的推动力。对学习的评价，我会多元分析，引导孩子勤奋好学。孩子俩难免会考试成绩不佳，我一般会说，"你思维不错，只是记忆的时间还不够""你没考好都没有特别难过，心态真好，不过，要努力噢"。这样的评价，孩子乐于接受。大部分时候，我都用努力取向评价。我曾和孩子俩讨论，聪明的孩子如果不勤奋，就会变得平庸，古代有《伤仲永》的故事；勤奋的人，即使走了弯路，甚至半路出山也可成大才，如大器晚成的齐白石。这些都发挥了很好的激励作用。

激发内驱力才是根本

兴趣，是探索未知世界的动力，也是有效学习的动力。孩子一旦对某事物有了浓厚的兴趣，就会主动去探索。家长要发现孩子的兴趣，保护孩子的兴趣，并引导孩子将对某一事物的兴趣转移到学习上来。

我的教育思想是，孩子的学习要讲究"有意思"和"有意义"的平衡，凡应试学科的学习，要强化"有意义"，兼顾"有意思"；而非核心素养的学习，则以追求"有意思"为主，兼顾"有意义"。比如英语学科，这是应试学科，背诵单词是很枯燥的，但又非背诵不可，这时候要对孩子讲清楚目的、意义在哪儿，如果孩子不喜欢，那是不允许的。找一些相对有趣味的学习软件，可增加一点儿"有意思"，但这不能解决问题，主要靠意志力等来解决。而比如钢琴、书法之类技能的学习，除非特殊人才培养需要，一般情况下应该将"有意思"摆在"有意义"之前。如果都强调"有意义"，对学习过于追求完美，会影响童年的幸福。

远大志向，会产生持续的动力。我有句话被广泛引用：志向会产生引力，自学会产生推力，如果孩子具有这两种力，想不成才都难。所以，希望孩子勤奋好学，从小激发孩子的远大志向是很重要的。

成功感也会产生动力。学龄前孩子成功感最强，那是因为少有竞争，更多的是父母的夸奖。上学后，随着竞争的加剧，一些竞争中的胜利者，往往更能感受到成功。家长都希望孩子获得成功，以后能成为成功人士，这些良好的期望非常重要。如何给成绩一时不理想的孩子更多的成功感？家长要帮助孩子树立"在原有基础上的进步就是成功"的观念。我提倡让孩子形成自己的特长项目，比如体育、艺术特长；或者特别爱研究课题，比如喜欢研究岳飞、喜欢研究航天飞船等；家长要不断表扬孩子的特长和爱好。从这些特长和爱好中获得的成功感，同样可以为应试学科的学习提供动力，即使孩子应试学科成绩相当落后，也不至于对学习完全失望。

人的价值观、人生观、世界观也是学习的动力，对成人和成才都会产生巨大影响。对学习的影响，主要是影响目的性，也就是说会疑惑为什么要学习。少儿的价值观主要受大人主导。随着独立人格的发展，孩子会形成自己的价值观。如果形成正确的价值观，孩子学习会变得刻苦；如果形成错误的价值观，孩子对人生、对世界都有曲解，对学习也会产生怀疑、动摇甚至悲观态度。

最可贵的动力是意志力。人的一生会不断地面临困难，不管学习还是生活，都需要坚强的意志力。学习上，当发现孩子某一个方面特别薄弱，连保底都有问题时，就需要及时引导，即使缺乏兴趣也尽可能让孩子以意志力支撑而不能放弃。孩子如果有了意志力，对一些并不感兴趣的东西，也会因为克服了困难而产生成功感，进而发展为学习兴趣。

价值观、意志力，一个属于精神层面，一个为行为方式，两者互相影响互相促进。价值观和意志力都是可以培养的。第一，孩子不能做物质富翁。人们生活条件明显改善后，许多家长认为不能让孩子吃苦，或者喜欢代替孩子吃苦，这很不妥。如果一味让孩子享福，极有可能损害他们的价值观、意志力。第二，从小养成习惯，加上恰当的评价激励，好习惯也容易转化成孩子的价值观和意志力。第三，激发远大志向，可以培养价值观和意志力。第四，通过挫折磨砺。孩子遭受挫折时，引导孩子正视挫折，从而锻炼意志力，培养正确的价值观。

孩子的学习就像开火车。被动的学习像开传统的火车，靠火车头给动力。主动的学习则像开动车，环境、评价是火车头，既给动力也给方向；兴趣、志向、成功感、价值观、意志力则是一节节动力车厢，各自带动力。动力车厢都有动力，速度就会快。有时候某节车厢缺乏动力，只要其他车厢有动力，火车还是可以跑的。家长和教师携手，细心观察孩子的学习过程，及时发现存在的隐患，可防患于未然，从而增强孩子学习的动力。

作业并不是越多就越好

孩子的学习,需要作业来巩固知识点、锻炼解题能力。作业固然重要,但是也并不是越多就越好,更不是必须死板地做老师统一布置的作业。

让孩子学会选择作业

我家孩子俩上小学时,我怕他们以后读中学卷入"作业堆",就提早着手培养孩子自学能力,还与老师商量能否不做或少做统一的作业。好在老师很开明,同意我的要求。我当时吃不准这样做到底好不好,就让我儿子先试。儿子自主选择做作业之后,省下时间用于自学。

我儿子小学毕业时,语文成绩不理想,但数学成绩拔尖。这让我看到,起码有的孩子,不做统一的数学作业,不会影响数学学习。我对语文教学有经验,语文靠阅读,我儿子小学时博览群书,估计以后语文不会差。于是,儿子中学阶段延续了不做统一作业的学习方式。

我女儿小学时喜欢做作业,学习兴趣也不错,我就让她按部就班地读下来。等我女儿读初中时,我看我儿子自学的效果不错,也让我女儿尝试。一直到高中,我女儿都自选作业。

自主选择做作业,是我家庭教育中特立独行的创新,是最值得自豪的经验。孩子俩读中学时，都有9小时以上的睡眠时间。尤其是，少了些统一的作业，孩子得以体会到最本真的学习乐趣。

创新自主作业模式

2007年开始，我把家庭教育经验在瑞安市安阳实验小学推广，创新了"自主作业"：从四年级开始，鼓励成绩优秀的孩子大胆尝试。自主的形式包括：半自主，指学生只选做教师统一布置作业的一部分；全自主，指学生不做老师布置的所有作业，完全以自主设计的学习方案代替；加自主，指学生完成教师布置的所有作业，再补充完成自主设计的学习方案。自主作业实施期限为一个月，只要学习成绩在预期目标内，下学期可以继续自主选择作业。自主作业改革帮助一批孩子接触自学形式、形成自学能力。

后来据统计，瑞安市安阳实验小学约三分之一的毕业生考上瑞安中学。当时瑞安市毕业生考上瑞安中学的比例大约为十五分之一，安阳实验小学的教学成果相当了不起。2023年，瑞安市安阳实验小学被教育部评为全国义务教育教学改革实验校，这里面有长期坚持自主作业改革的原因。

我在温州市建设小学做校长时，4个校区全面推广自主作业，曾面向全国召开了3场自主作业现场会，全国1000多位校长、教师过来考察交流，《人民教育》《中小学管理》《基础教育参考》等权威期刊都报道了我原创的自主作业方法。

我在广东碧桂园实验学校做校长时，在四年级到九年级实施自主作业，每年都有近半数学生选择半自主或者全自主，学校教学成绩一直在全区前茅。央视报道过自主作业改革，教育部基础教育课程教材发展中心将学校确定为基础教育课程改革实验基地，2020年12月还在广东碧桂园实验学校举办主题为"面向未来的个性化学习"研讨会，来宾对自主作业特别感兴趣。

许多家长和教师都认为，作业必须老老实实地做，好像孩子少了点作业，就学不好。我不认同这观点。教育贵在因材施教。每个孩子都不一样，怎能用一样的作业？

我对家庭作业的几点认识

第一，刚上学时，要引导孩子认真做作业。这是培养勤奋好学的好习惯。有的孩子刚上学就怕苦，这是意志力不足，得及时纠正。如果不勤奋好学，要想成绩好是不可能的。

第二，初步形成良好习惯后，就应该及时引导孩子选择作业。学习靠习惯，更靠能力。自选作业，锻炼的就是能力。现在一些小学作业并不多，有些优秀教师也不喜欢多布置作业。如果孩子学业很轻松，家长可以鼓励孩子自己增加些作业。自选作业的过程，能锻炼孩子对作业价值的判断能力，为以后选择不做没必要的作业打好能力基础。当然，这里说的增加作业，是孩子自己增加，不是家长来增加。家长给增加的是负担，孩子自己增加则可以锻炼选择能力。

第三，以大量刷题、重复性作业来换取高分的做法，是下策。如果碰到喜欢布置大量重复性作业的教师，特别是这影响到孩子睡眠时间时，家长要与教师沟通，允许给孩子减免一些作业。一般情况下，家长提出经签字后少做作业的方式，教师是会同意的。

有些家长只想孩子多学些，看到孩子完成了老师布置的作业，马上给增加作业，这是很糊涂的做法。这种增加作业的被动学习方式，不仅对学习成绩没好处，还很容易让孩子形成做作业拖拉的坏习惯。

第四，最好的作业，是教育者宏观主导，又给孩子一定的自主权。比如长身体需要吃饭，这是宏观的要求，但是，需要吃饭并不意味着每天都吃统一的饭，不是让所有孩子吃一样多的饭。不妨改成自助餐，孩子肯定更喜欢，还能锻炼选择能力。

自主作业的目的不在于作业本身，而是给予孩子作业自主选择权，让孩子在自主设计、自主管理、自主评价中学会选择，学会自学。首先，引导孩子自主意识的觉醒，即知道原来还有一种学习方式叫自学。其次，自主作业的选择，本身就是一种能力锻炼。同时，选择自主作业的孩子，都要制订自学方案，接触拓展学习、超前学习、探究学习等，慢慢地也就会悟出自学的方法。

自主作业可以借鉴吗

让孩子自主选择作业，家长最担心的是：成绩下降了怎么办？这要从大课程观看分数。因为少做老师布置的作业，而试卷都是老师出的，所以自学的孩子，刚开始时考试也许"不理想"，这没什么可怕的。我曾对此打过一个比方：老师教的是太极拳，孩子自学南拳，两者都可健身，学南拳的孩子去考太极拳，分数低些有什么可怕？再说，作业少做后不是贪玩，而是把做作业的时间用于自学。从长期看，自学的孩子能力发展得更快，能力提升后，必定有利于提高分数。实际上，凡高考尖子生，一般都不是只做老师作业的学生，大多都是善于自学者。

  有很多家长也想让孩子尝试自主作业，问我行不行。我认为，要先分析下孩子是否有良好的学习习惯和自制力。习惯是学习的基础，如果习惯基础不牢固，还是跟着老师学比较踏实。如果习惯良好，自制力较强，学习成绩也在班级前三分之一，可以从加自主作业模式开始。同时，让孩子接触自学方法。当发现孩子具备一定超前学习能力时，可以找老师争取半自主、全自主作业的个性化措施。如果孩子少做统一的作业，考试成绩不退步，大多数老师会支持孩子和家长的合理要求的。

最高明的学习是自学

自学，是我家庭教育核心思想的重要组成部分。自律是自学的基础，自立是自学的动力。对自学的特别认识，与我的经历有关。

我读初中时，父亲联系在杭州的阿姨邮购来《数理化自学丛书》，我自学后，数理化成绩马上拔尖。我毕业后在乡镇学校任教5年，教过两届初中学生的语文，我常用的教学方法是让学生预习课文，课堂上组织讨论预习的体会，第二届学生的中考成绩在全市领先，我当班主任的班上有14位学生考上瑞安中学，受到广泛好评。我的教学方法就是现在倡导的先学后教。其间，我自己也通过浙江省高等教育自学考试取得专科学历。我当时的体会是，有相当部分的初中生是可以自学的。

我家孩子俩出生时，我在瑞安市教育局高中科工作，深切体会到中学生求学的艰辛，大部分孩子连睡眠时间都不足。教育部门一抓质量，压力就会传递给教师，教师最常用的办法就是加作业。作业多了，孩子必然被动应付，被动必定低效，低效的结果是继续增加作业，许多孩子就如陀螺般生活在这个怪圈中。

我不忍心孩子俩以后也卷入这个怪圈，设想等他们读初中时大胆让他们自学。这时，蔡笑晚先生让孩子自学的传闻更让我坚定了决心。

让孩子俩尝试自学

孩子俩上小学后，我女儿适应能力很强，而我儿子出现些问题，我发现他的思维退步，加上儿子体质比较弱并不适合高强度的学习，我把初中开始自学的计划提前，让儿子跳级和自学。自学方法主要是拓展学习、探究学习和超前学习。我吃不准小学生能否自学，让儿子试试看。之所以跳级，是考虑少受应试教育的束缚，万一不能自学，还可以退回来。

儿子开始自学后，语文、英语有点薄弱，而数学成绩还是不错的；初中时获得自学能力，学习效率越来越高，九年级上学期末因获得全国数学竞赛奖被瑞安中学提前录取，在高中也坚持自学。

我女儿在小学高段也有自学，主要是拓展学习和探究学习。因看到我儿子的学习成绩不拔尖，我不敢让女儿冒险超前学习。女儿读初中时，开始超前学习。因小学基础好，她自学的适应期不长，几个月之后就获得自学能力，后来用4年时间学完初中和高中6年的课程，提前参加高考。

对自学，我有特别的体会。我觉得，孩子的学习，宏观上要听老师的，微观上要自学。为什么要听老师的？因为学科知识都有体系，如果没有老师的宏观引领，学习容易走弯路。为什么要自学？因为自学既能帮助孩子寻找最佳的学习方式，又是能力培养的重要途径。

自学有方法

中小学阶段比较实用的自学方法，有自主预习法、自主复习法、自主阅读法、自主探究法、自主实践法、在线学习法等。

自主预习法。在老师没有教之前，自己提前预习课程。

自主复习法。通过不断地回顾和重复已学知识，巩固和加深对知识的理解和记忆。可以采用多种方式，如背诵要点、做题练习等。

自主阅读法。选择相关的书籍、报纸、杂志及教材配套用书等进行阅读。

自主探究法。提出探究的问题，通过搜索、观察、实验等形式，进行学习。

自主实践法。通过实践来加深理解和掌握知识，更好地记忆知识，提高实际操作能力。包括技能训练法，侧重于对音乐、绘画等某种具体技能的学习和训练。

在线学习法。利用互联网资源进行学习的方法。现在互联网上有很多适合自学的视频和软件，为自学提供了方便。

孩子俩在自学过程中，总结出拓展学习、超前学习、探究学习等自学方法。这是在上述自主预习法、自主复习法、自主阅读法等自学方法的基础上综合运用而形成的自学方法。

什么是拓展学习

拓展学习指不拘泥于课本，向课外拓展，向社会拓展。

第一，是基于大课程观的拓展学习。比如语文，许多人认为就是识字、背诵文章。从大课程观看，语文最核心的要素是听、说、读、写。比如数学，许多人认为就是计算、做应用题，从大课程观看，数学不仅仅是计算，还有数学规律、逻辑思维、空间思维、数学文化。比如科学，结合生活中的科学现象，要把孩子的视野拓展到观察自然界、观察社会现象。

第二，是基于社会情境的拓展学习。一些社会事件，经媒体报道之后，会营造出强烈的情境氛围。这时候，特别适合拓展学习。

孩子往往喜欢基于情境的拓展学习。一方面，小孩子情感丰富，在特定情境中容易受感动，感动了自然喜欢学习；另一方面，凡社会事件发生后，大家都喜欢议论，有了拓展学习，孩子很容易在同学间表现得更"专业"，成功感就强。

第三，是拓展练习。书店有大量学习辅导用书，也有大量的习题集、试卷汇编。拓展练习，就是自己做些课外习题。我特别倡导不动笔的拓展练习：看习题—思考—看标准答案。为什么倡导不动笔？现在老师布置的作业都比较多了，再动笔做习题，孩子学习负担过重，也特别容易反感。不动笔的拓展练习，锻炼的是思维，是解决方法，是知识点的巩固。而且不用动笔，可以明显节约时间，同样一个单位时间，练习的习题量会成倍增长。

拓展练习适合于语文、英语、数学、科学等所有学科，是一种高效的学习方法。

探究学习怎么学

孩子总是对未知世界充满好奇，对新鲜事物爱问为什么，这是引导探究学习的契机。当听到孩子提问时，大人总是习惯于以最快的速度，把最标准的答案告诉孩子。实际上这并不好。对于孩子的成长，知识固然重要，但探究习惯、探究能力比知识更重要。

探究学习的具体方法很多。比如观察法，孩子观察植物、动物、天文、地理、社会现象。比如实验法，通过实验，反复验证。比如文献法，小学高段就可使用。现在互联网上信息很多，为文献法提供了便利。但要注意，互联网上的信息，总体上不严谨，甚至有大量的虚假信息。所以，文献法的关键是引导孩子学会辨别真伪。

探究学习，一般遵循"提出问题—探究问题—解决问题"的思路。家长要在"提出问题"上做深入的引导。各学科都可以引导孩子探究学习。最好的探究，是结合教材学习，让孩子自主提出探究课题，家长给予应有的指导。

超前学习不神秘

当前学校是班级授课制，教师上课都是基于中等生教学，不然大部分学生学不懂。每个班大约三分之一的孩子，是有能力超前学习的。

超前学习，应该有个梯度计划。

最简单的是预习。老师还没有教，先预习，这是低层次的超前学习。现在几乎所有教师都会要求孩子预习。

难度大一些，可以做超单元学习。老师教第一单元，孩子超前学习第二单元、第三单元。对于这时候的超前学习而言，增强自信的意义，大于培养能力。我孩子刚开始超前学习时，也是不自信的，总感觉不可能。当慢慢地发现自己也行时，自信心、自豪感就来了，学习的兴趣大增。当孩子对学习产生强烈的兴趣时，不可能学不好。

能力提升了，可以尝试超年级学习。随着自学能力的提升，有些孩子可以超年级学习。老师教第七册，孩子自学第八册、第九册的内容。小学生可以超前学习初中知识点，初中生同样可以超前学习高中知识点。能特别超前学习的学生，各学校都存在不少。

超前学习，需要自学用书辅助。现在的教材编写总体上只是提供个脉络，留很大空间给教师讲解。如果只看教材，许多章节难以学习。好在有些自学用书和视频，可以帮助孩子了解知识点，正好适用于孩子超前学习。

很多人谈起超前学习，就联想到拔苗助长。教育部门有些领导对超前学习也很顾忌。但实际上，这是不客观的。每个孩子的学习水平不一样，怎么只能按统一进度学习？只要条件具备，完全可以引导优秀的孩子大胆超前学习。

当然，我反对在培训班进行统一的超前学习。比如，有幼儿园提早学小学知识点；比如，有些培训班提早教课本知识。这些超前学习违背教育规律。

我倡导的超前学习，是一种自学方法。超前学习不是为了早点学知识，只有锻炼自学能力才有实质意义。

自学，可以借鉴吗

自学，对学习具有重要的意义。教学的本质，不是学知识，而是引导孩子形成适合自己的学习方式。学知识的目的在于培养能力，自学有助于更好地形成能力。

自学，适用于任何年龄段。只要引导得法，幼儿就能自学。幼儿的自学方法，主要有自主阅读、自主探究、自主技能练习等。家长要求孩子阅读，至于怎么读，不妨来个"你说呢？"，让孩子自己安排。孩子有了疑问，家长不妨引导孩子自主探究，家长多给鼓励。孩子喜欢音乐、体育、绘画等，家长就鼓励孩子自己制订计划反复练习。

小学低段的自学方法，除了巩固幼儿期的自学方法，引导孩子使用自主复习法、自主预习法，还可以尝试拓展学习法和探究学习法。

小学高段的自学方法，拓展学习法、探究学习法并不难，成绩在班级前三分之一的孩子，可以尝试超前学习法。

自学，适用于所有孩子。普通孩子，可以使用自主阅读法、技能练习法、自主预习法、自主复习法等。

相对聪明的孩子，可以采用拓展学习法、探究学习法，其中相当部分的孩子可以尝试超前学习法。

超常儿童，应该大胆使用超前学习法。人的智力是有差异的，其中3%为超常儿童。我国教育界对超常儿童的教育还存在争议，超常儿童教育还没有形成特殊的教育通道。但是，国家也越来越重视这个问题。作为家长，如果发现孩子特别聪明，有必要跟老师提出来，看看是否采取特殊的个性化学习方法。

让孩子尝试自学，要注意什么

常有家长对自学感兴趣，向我讨教。比如，孩子学习不认真，再让他自学，不是更差了吗？让孩子自学，成绩降下来怎么办？孩子没有自学能力，怎么办？自学的话，学不懂了怎么办？

我觉得，习惯是自学的基础，如果一个孩子学习不认真，连基本的学习态度、学习习惯都有问题，肯定不适合自学。

自学是个渐进的过程，自学与跟着老师学并不矛盾。像我家孩子俩这样的一半时间上学、一半时间在家超前学习是特例，不具备普遍规律，但是孩子俩自学过程中摸索到的拓展学习法、探究学习法、超前学习法，是可以借鉴的。如果家长希望孩子也尝试自学，刚开始时，老师布置的任务都做，学有余力时尝试自学，那就很保险。实际上，现在教师也普遍引导有条件的孩子这样做。自学方法方面，刚开始时用拓展学习法、探究学习法，有条件时再尝试超前学习法，这才稳妥。

至于培养自学能力，最好的办法是让孩子早点尝试自学。正如孩子不会游泳，最好的办法是早点进游泳池一样。实际上，拓展学习法、探究学习法是很方便的，任何孩子都可以用。至于超前学习法，四年级以上成绩在班级前三分之一的孩子，用起来也不难，起码预习、超单元学习并不难。

孩子自学有个程序，先制订自学计划，再尝试自学，之后可以通过配套习题来检验知识点是否理解了。自学需要参考资料，可以让孩子到书店找到自己喜欢的书，也可以让孩子找一些合适的视频学习知识点，再做习题进行检验。我的经验是，自学不一定追求学得特别扎实，自学之后做习题，如果半数以上能做，说明基本学懂了，就可以往后边学。

我在广东碧桂园实验学校做校长时，发动教师研究制订了自学方法指南，在四年级到九年级中推广。这些方法都是在我家庭教育经验的基础上，结合教师的经验原创出来的。我们寻找文献，发现全国居然很少有人研究出适合中小学生自学的好方法。尽管每个孩子都不一样，但这些自学方法还是值得借鉴的。

广东碧桂园实验学校学生自学方法指南

一、语文学科自学方法

（一）复习巩固法

1. 提高记忆效果

早晨刚起床和晚上睡觉前是最利于记忆的时间。提前准备好需要记忆的内容（诗词、文章等），睡觉前和刚起床时安排几分钟或更多时间用于记忆。

2. 及时复习，自主复习

（1）对一周所学的知识进行归纳总结。做单元知识小结，可以用思维导图或错题集。

（2）及时巩固需要记忆的内容，复习巩固的最佳时间为：20分钟后、1小时后、8小时后、1天后、2天后、6天后、31天后。根据这样的时间段提示自己再次巩固记忆，效果最佳。

（3）重点复习老师反复强调的内容。

3. 做课外习题

（1）根据自主作业计划表，做有挑战性的习题，如果遇到不会的阅读题，先查看答案，将答案代入原文中进行理解，然后用自己的话再写一次。

（2）对于已经掌握的基础知识，一周复习一次。先做基础复习题，再用红色笔自行批改订正，检验基础知识的掌握情况。

4. 电影式回忆法

临睡前在脑海中简单回顾当天所学内容，像放电影一样，如有不明白，及时记录在手机或纸上，便于第二天解决。

（二）拓展学习法

1. 自由阅读

只要是内容健康且积极向上的书籍，喜欢看什么就看什么。对于感兴趣的内容可以多读几遍，看不懂、不理解的内容可以跳读或略读。

2. 批注阅读

在阅读时遇到自己喜欢的句段，可以在旁边进行批注，批注的方式可以是提问或者标注。

（1）提问的方式：

①根据文章体裁进行提问，如：故事的起因、经过、结果是什么？告诉我们什么道理？

②根据文章写法提问，如：这句话用了什么写法？这样写有什么好处？

③根据文章题目提问，如：为什么取这个题目？换一个题目可以吗？

④根据标点符号提问，如：破折号、省略号等在这里有什么作

用呢？

（2）批注的步骤：

①画出感受深刻的句子。

②在句子中圈画出重点词语。

③在句子旁边写上批注：可以是对这个句子的感受，如我也有过这样"鼻子一酸"的经历……可以是这个句子的修辞手法，如这个句子运用了比喻的修辞手法，表现出葡萄的晶莹剔透。可以是对人物的赞美，如太厉害了！我也想像他一样，能够坚持梦想。

3. 摘抄优美词句

准备一个摘抄本，进行相关记录。

（1）阅读时摘抄文中的好词好句。如：四字词语，带有修辞手法的语句，描写优美景色的语句等。

（2）记录自己第一次没有读懂的词语，在请教他人或查找资料后，用已知的词语进行解释，这样不仅理解了新的词语，也记录了旧词语。如：万人空巷（新词）——人山人海（旧词）。

4. 写日记

每天写一写当天发生的有趣的事情，或者记录造成心情起伏波动的事情，字数不限，只要记录清楚就可以。

5. 写周记

一周记录一次，内容可以是记录周末外出时有趣的经历，也可以是记录周一到周五有意思的事情，或者自己有触动的事情。

6. 读写结合

阅读和写作相结合。最初可以是仿照小说中的章节，写一写微小说（同一主人公不同的经历）；接着可以是自己创作一个人物，想象他会发生怎样的故事；最后也可以创作多个人物，写一本自己原创的小说。

7. 阅读与说话结合

遇到精彩的文章、有趣的段落、生动的故事，学会与他人分享，进一步激发阅读的兴趣。

分享给同学和老师：学生读，师生听，之后交流感受。分享给父母：可以朗读原文，可以相互交流感受，也可就某个问题相互探讨，如讨论作品中的人物性格等。

8. 拓展练习

（1）找有标准答案的习题集，制订自学计划表。

（2）每次看习题，思考答案（不用写出来）。

（3）凡对不上标准答案的题目，做好标记，下次重点看或向父母、老师请教。

（三）探究学习法

1. 探究作者生平故事

遇到喜欢的作家时，探究这位作家的生平故事，思考为什么会写出这样的作品。比如，林海音的《城南旧事》就是记录自己的真实经历。

2. 探究作品来源

遇到喜欢的文学作品时，探究这个作品的写作背景（在什么时间、什么环境下写出来的），如毛主席的《七律·长征》就是在二万五千里长征即将胜利结束前有感而发所作。

3. 探究同类型作品

探究童话故事时，寻找更多不同作家的童话故事来读，比如王尔德童话、格林童话等。

探究成长小说时，寻找不同国家、不同作家的成长小说广泛阅读，如曹文轩系列、高尔基的成长三部曲等。

探究诗词时，寻找相同类型的诗歌进行了解，如田园诗、边塞诗、题壁诗等；也可以寻找有相同意象的诗歌进行积累，如"月亮""柳枝""红豆"等；也可以寻找表达情感相同的诗歌进行拓展，如"思乡""爱国"等。

4. 探究前人研究作品的文献

四大名著尤其是《红楼梦》较为晦涩难懂，刚接触时如果读不懂，可以先看看《刘心武爷爷讲红楼梦》，了解故事内容，激发阅读兴趣。

5. 探究汉字的起源

对汉字很有兴趣的话，可以借助《说文解字》这一电视节目或是查找资料等方式，探究汉字的起源过程，或者是某一个汉字的写法等。

（四）超前学习法

1. 预习

在老师讲课之前，先进行预习，下面的预习步骤可称为"七步法"。

（1）读：大声朗读课文两遍，读准字音，读通读顺课文。

（2）标：借助工具书，给课后生字注音，组两个词。

（3）圈：圈画文中的重点语句段（修辞手法、中心句、过渡句等）。

（4）批：在空白处做批注，写上自己的观点、理解和想法。

（5）查：查阅资料，拓展相关知识（作者简介、创作背景等）。

（6）问：学贵有疑，写出自己不懂的问题，再问老师、问同学。

（7）做：完成课后习题，不会的课堂上问老师。

2. 超单元自学

根据自己的学习进度和方法，超前学习下一个单元。

3. 超年级自学

根据自己的学习进度和方法，超前学习高一年级的感兴趣的某篇课文或者某册书。

4. 看教材分析做课后习题验证法

为了检验是否学会新内容，先回答课后练习，再对照《教材全解》进行核对，不对的再返回文章中寻找答案。

（五）技能训练法

限时做题训练，根据题量，借助计时器自行控制做题时间，在规定时间内完成习题。如一篇记叙文的阅读理解，尽量在15分钟内完成。

（六）其他自学方法

在班级的舞台上积极展现自我，开设知识小讲堂。结合语文学科擅长的领域（基础掌握妙招、阅读理解锦囊、习作金点子、朗诵技巧等），自主申报演说内容，制作PPT，在班级内宣讲。

二、数学学科自学方法

（一）复习巩固法

1. 提高记忆效果

早晨刚起床和晚上睡觉前是最利于记忆的时间。把要记忆的公式、概念或典型例题准备好，睡觉前和刚起床时安排5—10分钟或者更多时间用于记忆。

2. 及时复习

（1）题库复习

将平时作业、测试中出现的错题，有选择地记下来，并用红笔在一侧批注注意事项，建立错题库，考试前翻看笔记，加深理解。把见到的一些解法极其巧妙或难度高的题记下来，也用红笔批注此题所用的方法和思想。

（2）思维导图复习

每学完一个单元将本单元内容做成一个思维导图，整理出它们的关系。或将相关联单元进行对比总结，对于易混淆的知识点分类归纳比较。

（3）归类专项复习

如：计算类专项复习、解决问题类专项复习、操作类专项复习等。

（二）拓展学习法

1. 做课外习题拓展

（1）提前准备习题。

（2）根据题量自行限时训练。

（3）自己核对答案，订正。

2. 解决生活中的问题

（1）留心需要用数学知识解决的生活场景：如购物、安排行程等。

（2）提取数学信息，学会提出数学问题，口头提问或者记录下来。

（3）自己尝试解决问题，或者和家长交流。

3. 快速思维练习

（1）找一套有标准答案的习题集。

（2）看习题，思考解题思路（不用写出来）。

（3）看标准答案进行核对。凡对不上标准答案的题目，做好标记，再进行笔头计算。

4. 数学阅读拓展学习

空余时间阅读数学与科技、数学实验、数学文化史介绍、数学故事等相关内容的书籍。

（三）探究学习法

1. 选择适合探究的学习内容，可以是知识性的探究，如某个公式的推导过程；也可以是生活问题的探究，如探究泳池容量和蓄水量等。

2. 根据内容确定探究的方式，准备所需资源或工具。

3. 动手操作，或者和同学、家长交流，进行网络查阅等，完成探究，形成结论。

（四）超前学习法

1. 根据学习进度或者想了解的知识点确定预习的内容，提前准备好学习资料：教材、其他书籍、对应习题等。

2. 阅读学习资料，理解学习内容。

3. 自我反思：

（1）这部分内容和上节课之间的知识点或与之前学习的知识点有哪些联系？

（2）哪个概念或者公式看完一遍后是不理解的？

（3）写出不明白的地方，提出问题。

4. 请教家长或同学，解决疑问。

三、英语学科自学方法

（一）复习巩固法

1. 提高记忆效果

早晨刚起床和晚上睡觉前是最利于记忆的时间。准备好一个单元的英语单词、一篇英语课文或英文作文，利用起床后或睡觉前10—15

分钟，进行记忆背诵，这样可以提升记忆效果。

2. 及时复习

当天英语课结束后，抽出5—10分钟，可以是课间，也可以是午饭后，读一读、抄一抄当天所学单词、语法或课文，当你可以流畅读完或抄完，即可过关。每个周末花上30分钟时间，总结当周所学知识和自己觉得最难的知识点，再次回顾，加强记忆。

3. 做课外练习

利用课外练习册，每天花5—10分钟，巩固薄弱的语法点，做完后自主核对答案，订正后反思，并把错题抄写到错题本上。同理，如果想提升口语，利用课外英语音频和视频，每天模仿跟读5—10分钟，提升口语。

（二）拓展学习法

1. 自由阅读

选择喜欢的英文课外书、绘本、英文报纸，安静阅读，通过图片和上下文理解文本内容。

2. 批注阅读

选择喜欢的英文课外书、绘本、英文报纸，准备好词典或者点读笔等工具，一边阅读一边做批注，帮助理解。

3. 摘抄优美词句

选择自己喜欢的英文课外书、绘本、英文报纸，准备好笔记本，把喜欢的、有教育意义的或对自己有启发的好词好句或名人名言，摘抄到笔记本上，并标记出处，之后可以运用到自己的读书报告、好书推荐、主题演讲中。

4. 写英语日记

每天睡前，用英语记录当天发生的一些开心的、难忘的或者重要的事情，长短不限。

5. 写英语周记

每周末用英语记录当周发生的一些开心的、难忘的或者重要的事情，总结一周的收获与成长，配上自己创作的插图，长短不限。

6. 读写结合

阅读自己喜欢的英语课外书，用英文写下自己的感受，或对阅读过的故事进行续写或者改编，长短不限。

7. 读说结合

阅读自己喜欢的英语课外书，用英文与家人、同学或老师交流读后感受，或者将故事复述出来，培养用英文讲故事和演讲的能力。

8. 拓展练习

选择符合自己英语水平的剑桥英语真题集或习题集，制订剑桥英语学习计划表。每周背诵1—2个主题的单词，或者完成一套剑桥真题，做完后自主核对答案，订正后反思，并把错题抄写到错题本上。

9. 利用软件拓展学习

（1）背单词软件，如墨墨背单词、百词斩等。每天早起或睡前10分钟，利用碎片化时间，通过背单词软件，提高背单词的效果。

（2）英语绘本软件，如伴鱼绘本、ABC Reading等。每天睡前10—15分钟，选择适合的分级绘本，聆听、阅读、跟读，享受阅读的乐趣，提高英语能力。

（3）英语配音软件，如英语趣配音。每次15—20分钟，每周2—3次，选择适合自己的美剧、动漫、歌曲等视频或音频，进行模仿、跟读，在真实的情境中学习英语，提高英语口语表达能力。

（4）英语新闻软件，如CHINA DAILY等。收听或阅读英文新闻，培养英语语感，了解全球时事，拓展国际视野。

（三）超前学习法

1. 预习

利用新魔法英语教材配套的Vocabulary Book、词典或点读笔等工具，提前预习下一节课的内容。如有需要，可标注中文，便于理解。同时，标记好自己不懂的知识点。

2. 超单元自学

在学有余力的情况下，利用新魔法英语教材配套的Vocabulary Book、点读笔、"A100学习"微信小程序、有道词典等工具，超前自学下一个单元的生词、句子和课文。

3. 超年级自学

在学有余力的情况下，准备好下一个年级的英语教材，超前背诵下一个年级的单词。可以每天背诵10—15个单词，每周背诵一个单元的单词。同时，每天复习前一天背诵的单词，三天一次小复习，每周一次大复习。

（四）其他自学方法

1. 社会化学习法

在日常生活中和家人用英语进行交流，和家人一起看英语播报的新闻、英语版的卡通动漫或电影，听英文歌曲等，并和他们交流看法、观点，从中练习口语，积累单词和句子。

2. 限时训练法

（1）限时背单词：限时5—10分钟，拼写本单元单词并说出意思，时间到，就停止，反复训练。

（2）限时阅读：限时 10—15 分钟，完成 1—2 篇阅读，时间到，就停止，反复训练。

（3）限时写作：限时 10—15 分钟，完成 30—50 个单词的英文写作，时间到，就停止，反复训练，具体因人而异。

语文自学重听、说、读、写

很多人认为，语文学习就是遣词造句、背诵课文。不错，这方面确实可以自学，但仅是如此，就过于局限了。最好的语文学习，应该基于大语文的视野，从听、说、读、写着眼，长期积累，这样才能给孩子打下坚实的语文基础。

语文的学习，需要积累，仅靠学校还不够，家长要引导孩子自学。

幼儿阶段，抓听与说

孩子听故事，听电视节目的对话，听家长说话，这些看起来很平常的事，背后是能力培养的学问。听得专注，这是注意力集中；听完能清楚复述，这是概括能力。

对幼儿来说，听说结合更重要。

听，是吸收，是输入；说，是应用，是输出。听说结合，思维的通道才更顺畅。幼儿期是培养孩子说话能力的敏感期，家长对此不可忽视。

如何让孩子多说？

家长要以表扬为主。一开始孩子说得不好，这是幼儿成长中的正常现象，家长不能批评。只要孩子喜欢说，说着说着，能力会慢慢提升。

孩子天生喜欢观察，喜欢提问。年龄稍大些，孩子看到图文会发问，这是阅读的萌芽。家长要尽早让幼儿接触绘本。不认识字没关系，幼儿都有天才般的想象力，会有童真童趣的理解。特别是，阅读绘本后，家长要及时引导幼儿说出来。

幼儿学语文没那么复杂，多听、多读、多说，语文素养就有了。语文学习难就难在需要长期积累，难在家长要有足够的陪伴时间和耐心。

小学中低段，抓读与说

没有孩子不喜欢阅读，关键在于家长是否引导得当。如果孩子阅读后喜欢说出来，那么他的语文阅读能力更会如虎添翼。小学中低段的家庭教育，重在如何让孩子爱上阅读。至于推荐哪些书籍、如何引导孩子多说，我的经验有三点：

第一，倡导宏观把控下的自由阅读。凡文学类、科普类读物，都适合孩子阅读。家长对阅读内容如何把关？主要是对一些违背人类基本价值观的低劣书籍进行防范。价值观把握好了，其他的完全可以放任自由。兴趣是最好的老师。孩子的阅读，正如人饿了要吃饭，只要能吃且大致营养均衡就行，不一定非要吃什么不可。家长可大致引导孩子制订阅读计划，但不宜规定过细，让孩子以自己喜欢的方式阅读更好。这个年龄段的孩子可适当接触一些国学的精华，特别是古诗词，趁着记忆力强，适当背诵一些。

第二，肯说比说得好更重要。说话既能锻炼语言能力，也能训练逻辑思维，这些都属于大语文素养。

第三，对作文放低要求。如果没有说话能力的提升，那么写作对于孩子来说就是很痛苦的事。与其逼着孩子痛苦写作，不如顺着孩子快乐说话。以后等孩子的说话能力上来了，再抓写作水平，那就是水到渠成的事了。有家长喜欢让小学低段的孩子去培训班学写作文，我认为这很不明智，不如省下时间让孩子多说话。当然，能力超前的孩子如果真心喜欢写作，让孩子以自己喜欢的方式写写也不是坏事，但要放低要求。小学中低段学生学写作文，兴趣比水平更重要。

小学高段到中学，抓读写结合和拓展练习

第一，是读写结合。这一阶段的阅读，我倡导以名人传记为首选，外加社会新闻。阅读的真正价值不只是提升语文素养，更是引领人的精神成长。名人传记最能引领孩子的精神成长，而阅读社会新闻对青少年形成正确的人生观、世界观很有好处。我家孩子俩小时候，我引导他们读报纸，但不提倡看网络新闻，因为网络文章中假冒伪劣甚至有"毒"的太多，容易影响孩子的价值观，风险太大。

有学者提倡这时期大量读名著，我持保守意见。小学高段学生，乃至中学生，学习负担已经不轻，这时候的阅读要精准。学生读些名著章节是可以的，而整本整本的名著，等大学时慢慢读也来得及。青春期是青少年价值观形成的关键期，他们却少有阅读时间。家长如果用心，可以为孩子精选美文。这就像给孩子"煲汤"，把最精华的文章推荐给孩子。

家长还可引导孩子适当学习国学，让孩子大体了解《论语》《道德经》，以及诸子百家散文、唐诗、宋词、元曲中的经典名篇。国学，不仅是语文素养的底色，也是中华儿女生命的底色。

阅读最好的搭配就是写作。写作并不是堆砌华丽的辞藻，最高境界的写作是对人生、对社会的分析。家长要多与孩子讨论社会现象，既能锻炼孩子的思辨能力，又能拓宽孩子的视野，这样写作也就不可怕了。

我曾多年研究作文教学，出版过关于作文的专著。以我的经验看，学生在七八年级学习作文技巧，效果最佳。这时候的作文学习，要特别关注写作方法，尤其是写作技巧解读的知识。这方面有很多适合自学的书，学生可选择一至两本实用的，慢慢品读。

第二，是拓展练习。这是拓展学习的一种方式，主要是找来适量习题，快速观题。我倡导观题而不是做题，因为做题要写，太花费时间。孩子俩读中学时就用这个方法，学习效率很高。课余时间，学生可以拓展阅读字典、成语词典等，随手翻翻，会有很好的积累。

语文学习的特点就是厚积薄发。听、说、读、写的学习规律，很难违背。有些家长不注重孩子平时的积累，总希望孩子在考试前复习一下就马上提高水平，这是很难的。学习语文，碰到好老师自然是幸运，但真正的"童子功"还是在家庭教育，在于家长从小引导孩子多说、精读。

从自学方法来分析，语文学科的自学，最好的方法是拓展学习。如何拓展？就是做好听、说、读、写的"童子功"。学生也可以有少量的探究学习，但总体上对提升语文素养帮助不大，更多是学习探究方法而已。语文学科的超前学习很容易，小学生就能看懂初中教材，但看懂了不等于有积累，所以对于语文学科，我不提倡超前学习，而是提倡拓展学习。

不上培训班，轻松学写作文

我曾是初中语文老师，对作文教学有两点体会：一是写作文要以听、说、读为基础，在缺乏听、说、读能力的前提下，不宜过早对写作文提高要求。二是写作文有技巧，小学阶段以培养兴趣为主，写作技巧从初中开始掌握比较合适。

我家孩子俩幼儿期，我特别关注他们听、说能力的培养。我儿子说话很朴实，不如我女儿说得绘声绘色，我就表扬儿子说话"一句顶十句"。表扬多了，儿子也喜欢说。

因为我女儿说话能力更强，我儿子常常是听得更多。儿子听着听着，会说"姐姐讲得真好……"，然后再提纲挈领地复述下。孩子俩常常辩论，这个过程非常利于听、说能力的培养。

孩子俩上幼儿园开始，我引导他们自由阅读，他们什么书都喜欢翻翻。9岁左右，孩子俩开始看报纸。

儿子学写作文

我儿子读小学时也喜欢写点作文，但总体写得很短，还常有错字。儿子让我看作文时，我都表扬，即使发现错字，也基本不纠正。

记得儿子曾写了篇作文：

2月4日，我们一家人买了火车票，2车厢的11、12、13、14、15号。2月7日，我们到了火车站，进入6站台，我看见火车很长很长，像一条躺在地上的长龙。从10车厢开始，按每步大约70厘米的步伐，我走了100步左右，才到2车厢。我们刚想上车，我看见火车旁边的一条缝，就跳了过去。进了车厢后，我数了数，一共有70来人。我刚数完，就听见"轰隆隆"的声音，原来是火车开动了。

这样的作文是流水账。但我不批评，表扬儿子写的是"数学家型的作文"，儿子很高兴。

读初中二年级时，语文老师娄胜文布置了作文题《童趣》，我儿子有兴趣，写了自己对昆虫的研究，才400来字。娄老师鼓励他，把文章投到校报发表。儿子领了10元稿费，写作文信心大增。

我知道儿子写作水平还是很弱的，不过，我没有一点担心。一是儿子这时已经形成博览群书的好习惯，我想到一定程度之后，作文能力会有跳跃式发展的。二是我对作文辅导有一套，等儿子阅读量达到一定积累后，再由我系统辅导。

我儿子读高中后，如我所愿，作文水平迅速提升。因为长期的阅读积累，尤其是受坚持读报纸的影响，儿子的作文形成了自己的特点：一是语言很直白，文风简约凝练；二是以广阔的知识面与逻辑分析取胜。我本来想要辅导儿子学写作文，后来看到他的语言和作文构思，与我的作文辅导体系并不一致，我也就不辅导了，以免反向干扰他。

回顾我儿子学写作文，他没有硬着头皮写作文，没有大量写作的苦学，甚至连自诩为作文名师的老爸都还没出手，已轻轻松松学会了写作。高考时，儿子语文获得107分的高分，作文是有贡献的。儿子的作文水平，与从小听、说、阅读能力的培养分不开，特别是读报纸，产生了重要影响。

女儿学写作文

我女儿从小对童话类书籍感兴趣，想象力比较丰富。她喜欢讲童话故事，3岁多就能讲得绘声绘色。上学后，女儿的志向是当作家，我也希望女儿的写作形成特长，于是着力引导。

初写作文，就怕无从下手。无从下手的重要原因，是孩子把写作神秘化，求完美。我对女儿的写作引导，从培养说的能力开始。写作文前，我引导女儿把想写的事说一次，说得顺了才写，想怎么说就怎么写。这时的作文，有点像流水账，尽管存在诸多问题，但我一概大力表扬。表扬多了，女儿觉得作文很简单，无非就把说的写下来，对作文的兴趣就高。

我女儿喜欢写童话故事。读小学三年级时，老师布置童话征文比赛，女儿写了《小蜗牛成名记》。这篇文章后来在校报上发表，并获得了民间组织的全国征文比赛三等奖。2004年，我的作文教学专著《新理念作文》出版，我叫女儿写了篇想象作文《牙齿演义》。每个孩子都有表现欲，文章的获奖和发表，大大增加了女儿的写作兴趣。

从想象作文到写人叙事的记叙文，往往有一个坎，主要原因是没什么好内容可写。我的引导，首先是找素材。我有空，就陪女儿到外边去玩。孩子的观察比较肤浅，如坐火车，往往觉得无非就是坐火车而已。这时候我就适当点拨，引导孩子或观察火车与景的互动，如

"为什么近处的景往后移，远处的景却跟着火车往前走"；或思考火车座位设计，如"要多坐一些人的话，座位可以怎么改变"；还可向孩子提问，如"火车里的水哪里来""上厕所后水冲到哪里去了"。经过如此引导观察与思考，孩子就有更多的发现与体会，就不怕没内容写。

同时，加强阅读。小学高段，我引导女儿看报纸，并不时与她一起讨论社会上发生的事。讨论时，我们从不同的角度分析，既能拓宽知识面，又能培养逻辑思维能力。

每当看到报纸上报道的感兴趣的事，我会引导女儿把简单的报道通过想象细节写成作文。这里有个作文"真实性"的纠结。许多人把"真实"理解为孩子亲历的事，我觉得这相当于"把翅膀捆起来"。许多孩子在小学低段写想象作文都非常开心，开始写记叙文时就束手无策，这与"真实"的写作观点有关。实际上，所谓的"真实"，应该是"艺术真实"，如吴承恩写的《西游记》，鲁迅写的小说，都是"艺术真实"。也就是说，作文是可以适当虚构的，只是虚构的事要符合常理。女儿领悟了"艺术真实"的道理，延续了童话故事写作中想象力特别丰富的优势，也就不怕没内容写了。

想象、细节描写，这些都还是作文的入门方法。要真正学会写作文，最关键的是培养逻辑思维能力和价值观。作文不仅仅是语文，它也是逻辑思维能力、价值观等的综合表现。没有思想的文章，不管语句如何优美，想象如何丰富，都不会是好文章。优秀的作文，在于通过"艺术真实"，反映真实的情感与独特的思想。

女儿读五年级时的一天，送水工来送水，我叫她细心观察。女儿写了一篇《送水工》，主题为"平凡的人有颗不平凡的心"，我很赏识。之后，女儿顺此思路写了好几篇文章，不知不觉中，女儿心中多了些博爱与尊重。这是作文的进步，更是价值观的进步。我曾提出"作文即人生"的观点，我对女儿的作文引导，正体现了这个观点。

我于2004年出版作文教学专著《新理念作文》，根据我从教时辅导学生作文的讲稿整理而成，从如何观察，到如何把文章写长，到写作技巧，共30讲，适合自学。我女儿从小喜欢翻翻，五六年级时基本上就看得懂了。女儿常对照《新理念作文》上的知识点，与我深度对话，收获不小。

女儿读五年级时，我常带她上街找作文素材。一次，女儿看到堵车，车排成了长龙。女儿提出"为什么会堵车""都堵车了，人们为什么还买这么多新车"等问题。我与她一起分析了社会问题、人与自然的问题。回家后，女儿写了篇《蜗牛买壳记》，寓意是人们对车这么热衷，总有一天车会变成"蜗牛身上的壳"，很有趣味。

在作文有一定思想高度后，我引导女儿在文采上花些心思。女儿坚持阅读，为文采奠定了基础。为了节约女儿的时间，我帮助寻找美文，凡精彩的句子，或特别有思想含量的话语，都找出来给女儿看。女儿很喜欢，把看中的抄录在专门的笔记本上。有一次，我买来《文采速成法》，女儿非常喜欢，划出好句子反复品味。文采，属于锦上添花的事，如果刚开始写作文时就追求文采，很容易使孩子产生怕写作文的心理。有了一定作文基础后，回过头来再学文采，就容易水到渠成而有收获。

到了高中，女儿超前学习理科教材，基本上没有时间写作文，但她写作文的能力一直不错。这也足以说明，女儿初中时的作文水平，已经达到高中毕业的水准，这为她高中学习节约了大量时间。

孩子要不要上作文培训班

曾有许多家长向我请教：如何让孩子学好作文？要不要去作文培训班？

我觉得，听、说、读是写的基础。去作文培训班，多少也能学一些知识。但写作不只需要方法，还需要有能力。如果没有听、说、读的习惯，作文是很难写好的；如果有了听、说、读的能力，写好作文是水到渠成的事。写作有技巧，学技巧并不难，难的是打好听、说、读的能力基础。有了一定能力基础后，如果有名师点拨，学点写作技巧，那会很有针对性。实际上，这时候买本关于写作技巧的书看看，也会收获很大。

有的家长觉得：我自己并没有什么文化水平，怎能辅导孩子？这里有个误区。家庭教育并不是教知识，而是教习惯和激发兴趣，让孩子多听、多说、多阅读。我的方法是，只要孩子肯说、肯听、肯读，一律表扬。表扬多了，好习惯也就来了。如我儿子写了很可笑的作文时，我都表扬；甚至作文中有错字，我也不指出来。这是我淡化知识、看重兴趣的家教思想。

小学阶段，以引导孩子自由阅读为好。初中阶段，孩子的学习时间特别紧张，家长选择一些素材让孩子学习，如名人名言、优美词句、名人典故，这样既可以丰富孩子的知识面，又能节省孩子的学习时间。这个时候，家长并不需要有多高的文化水平，可以找一些名人典故，打印一下给孩子看。

听、说、读，是语言能力。写作文，还需要人物、事情等素材。

俗话说，巧妇难为无米之炊。如何让孩子有更多的写作素材？一是带孩子外出实践，比如看看社会风情、自然风光，捉捉小蝌蚪，扫扫落叶；二是引导孩子在家里多动手，如扫扫地，洗洗衣，拆拆旧家用电器，做做小实验；三是与孩子多聊聊社会上发生的事，聊聊名人典故。体验多了，写作的素材可以信手拈来。

数学适合超前学习

语文和数学是中小学最基础的学科。这个阶段，数学成绩往往是衡量孩子学习是否优秀、是否有潜力的重要标志。

针对数学学习开展的家庭教育，作用似乎没有语文那么大，但家长依然能够有所作为。

考虑到数学学科更专业，因此家长首先需要配合学校，在此基础上进行有益的补充和拓展。具体而言，针对每一阶段孩子的数学学习，家长可以进行以下尝试。

幼儿阶段，重在玩耍中进行数学启蒙

针对幼儿的数学教育讲究"玩中学"，以玩为主，重在启蒙。认识数字、简单计算、空间想象，只要孩子喜欢，都可以玩；让幼儿数一数书上的页码，看看包含数字故事的绘本，看看闹钟、九九乘法表等，都可尝试。

摆积木对于培养孩子的空间观念很有好处。孩子是天生的设计师，摆积木时图形变幻万千，无形中能锻炼孩子的空间想象能力。

在我家孩子俩幼儿时，我把筷子锯成段，让孩子摆数字、摆图形。孩子很喜欢，不知不觉中就学会了加减乘除的简单运算。

小学阶段，重思维训练与拓展学习

第一，利用趣味游戏或训练，培养孩子的数学思维。数学是思维的体操，相对应的，思维就是数学的核心素养。思维品质包括思维的深度和广度，体现在敏捷性、逻辑性、独立性、批判性、灵活性等方面，但凡有利于培养这些思维品质的活动，都有利于数学的学习。因此，家长可以从培养思维品质的角度带孩子做些有趣的训练。比如：针对小学低段孩子的速算练习，可以采取限时训练的方法，让孩子在规定时间内计算尽可能多的算式，孩子越算越快，会有成功感。又如：拿扑克牌算24点，是一种练习加减乘除速算的游戏，很能锻炼思维。又如：玩魔方不仅能够锻炼孩子的空间想象能力，也能锻炼他们思维的敏捷性。这些趣味训练，家长都可与孩子多玩。

第二，开展多样化拓展学习，帮助孩子开阔视野。家长可以带领孩子阅读一些数学家的故事、数学趣闻等，借此探究数学学科中包含的数学文化；也可带着孩子适当做些实践探究，如让孩子感受半斤、1斤、1吨米到底有多重，1米、10米、1千米到底有多远等。

上述拓展学习，只能是一点补充。总体上来说，大多数小学生还不具备自学数学教材知识点的能力。但小学高段成绩相对优秀的孩子，是可以自学的。此外，我特别提倡孩子进行拓展练习，它是拓展学习的一种方式，对于大多数孩子都合适。家长可以找些习题集，让孩子观题、思考，然后再看答案，做些动脑不动笔的拓展练习，这样对孩子解题能力的提升很有实效。

奥数学习就属于一种拓展学习。近几年，奥数学习受到质疑，我认为该批判的应该是全民学奥数的狂热，而不应该是奥数本身。对于特别有天赋的孩子，可以鼓励他们带着平常心自学，从兴趣出发，排除比赛的功利性，能懂的内容就品味一下，不懂的也没必要强求掌握。

中学阶段，需要分层设计学习方案

中学阶段，孩子的数学能力已经出现分化，有的越学越简单，有的越学越吃力。由于孩子的智力、兴趣本身就存在差异，出现这种情况也很正常。这时候，对数学成绩处于不同层次的孩子，要有针对性地帮助设计不同的学习方案。

第一，对于数学成绩排在后面的孩子，重在保护兴趣和信心。家长要综合分析原因，不能动不动就让孩子补课。可以放低对孩子的学习要求，调整生涯规划。如引导孩子将兴趣转向艺术特长学习，转向语言、历史、地理等学科的学习，转向技能学习。这时候的家庭教育最重要的是帮助孩子树立信心，包括对未来人生的信心，对调整学习方案的信心。然后让孩子做些力所能及的题目。不是所有题目都难懂，只要有信心，成绩会慢慢上来的。

第二，对于数学成绩中上的孩子，可以引导他们拓展练习。观题、思考、看答案，这些对于很多孩子来说都是不错的选择。给孩子有针对性地补些课，也是有好处的，但前提是孩子喜欢。

第三，对于数学成绩处于前三分之一的孩子，家长应该引导他们拓展学习或超前学习。一般优秀的学生，跟着教师的进度进行拓展学习；特别优秀的，完全可以超前学习。

英语自学既可拓展学习也可超前学习

英语是让家长感到纠结的学科。一方面，大多数家长对于孩子英语学习的辅导能力不足；另一方面，社会上越来越狂热的少儿英语补习现象也令多数家长很难淡定。英语学习也很容易引起争议。如有学者认为，全民学英语，特别是过早学习英语会给孩子加重负担，还会影响到母语学习；也有学者认为，英语学习有关键期，孩子越早学，效果就越好。

我认为，抛开这些纠结和争议不谈，作为家长，只要学校开设了英语课，大家就肯定要重视。

如何合理安排英语学习时间

只要孩子开始学英语，就要安排足够的时间，最好每天都有一节课，要让孩子每天都能接触到英语，让英语学习成为每日学习生活的自然组成部分。在现在的课程计划中，小学基本上没有实现每天有一节英语课。如果哪天学校没有安排英语课，那么家里最好能够加一节晚间自学课，既可以是1小时左右的长课，也可以是15分钟左右的短课。双休日最好每天安排1小时左右的学习时间。

不同阶段，英语自学的重点是什么

英语是一门语言学科，学习方法跟语文总体上差不多。比如听说与阅读，不是懂了就行，而是需要反复练习和大量的阅读积累。当然英语学习也有与语文不同的地方，比如记忆单词比学习汉字更需要意志力，常成为孩子学习路上的拦路虎；还比如写作，要倡导提前写、多写。那么具体到每个阶段，孩子英语自学的重点是什么呢？

首先，小学中低段，重在听、说、读、写的拓展学习。

一是要多听多说，增加训练量。英语学习讲究熟能生巧，少有捷径。孩子可以跟着教材的配套音频资料反复听、大胆说。听与说的方法奥秘并不多，学校学的应该足够了，关键是坚持。只有训练达到一定的量，才能水到渠成。

二是养成记忆单词的好习惯。由于背诵单词相对枯燥，很多孩子不喜欢。背诵单词有些小窍门，但总体还是要靠记忆。孩子可以一边背一边写，这样记忆效果更好。如果孩子习惯好，有毅力，能坚持住，慢慢会产生成功感，进而形成良性循环。而从小懒散惯了的孩子，特别是平时语文学习都要家长盯的孩子，学英语容易出问题。对于这些孩子，家长得盯着，不然拖了后腿再补更麻烦。当然，治本的措施还得从培养孩子的良好学习习惯和意志力入手。

三是鼓励孩子提早阅读。孩子稍微有点词汇积累后，家长就可以鼓励他们开始阅读。现在适合阅读的英语材料相当丰富，刚开始，孩子可以囫囵吞枣地阅读，以大体上能读懂为前提。单词原本是"冷冰冰"的，但如果放在一定语境中去，就会变得灵动。孩子的阅读习惯一旦形成，英语学习就没那么可怕了。

四是大胆尝试英文写作。孩子稍微有些词汇量后，家长还可以鼓励他们尝试写作，开始不要太在意写作水平，词能达意为佳，词不达意也行。孩子稍微写点什么，家长要及时给予鼓励和赏识。

其次，小学高段和初中需要拓展学习甚至超前学习。

一是加强听、说、读、写的拓展学习。英文听、说、读、写的拓展，任何年级都不可少。孩子英语基础不扎实，多是由于投入时间不够。多数孩子的薄弱点无非就是单词记不住，该背诵的课文不会背。背单词、背课文，除了苦功，没有捷径。

为此，孩子可以尝试在听、说、读、写方面进行拓展练习。就像语文、数学那样，找来习题集，观题、思考、看答案。拓展练习的好处是，在同一单位时间内可思考更多的习题，加大训练量。如果都要写出来，就会降低效率，多数孩子也难以坚持。同时，对于拓展练习中答案想错了的习题，要做好记号，下次练习前或平时再多加练习。

二是借助教材等资源超前学习。小学高段学有余力的孩子，可尝试超前学习。超前学习没有那么神奇，现在的英语教材编写得很好，进度稍微提前些并不难。初中阶段，孩子的英语学习两极分化现象相当严重。在平行班，教师只能基于中等生进行教学，而学有余力的孩子如果仅仅跟着教师的进度学，肯定"吃不饱"，因此应学会超前学习。

超前学习怎样学？可以背单词，把下册、下年级甚至更高年级的单词都先背下来；可以提前看高年级的教材，只要懂的都可先学；可以借助线上学习、自学辅导用书等超前学习；也可以按照听、说、读、写的素养项目，以自己喜欢的方式进行学习。

有人会说，这样学习，不是会加重孩子的负担吗？会有负担。但希望轻轻松松就能学好英语，也很不现实。实际上，在减负背景下，家长更需要引导孩子统筹管理时间。如果英语学习时间增加，其他方面就要减少，如对于一些特长项目可以先放低学习要求，以后再学也来得及的，可以先缓缓。只要制订了劳逸结合的时间表，孩子的英语学习效率就会提升。随着学习方法的入门，也不一定就会增加太多负担。

英语学习，激发兴趣和培养习惯更重要

小学阶段，孩子英语学得优秀并不难，关键在于是否有好的习惯。习惯不佳的孩子学英语，很快会败下阵来；习惯好的孩子，家庭教育也稍微跟得上，学习成绩就很容易取得优秀。而从优秀到拔尖，则不仅需要孩子对英语学习有浓厚的兴趣和掌握高效的自学方法，还取决于孩子的语文素养。据我多年的教学实践观察以及很多一线教师的反馈，许多孩子英语不拔尖，不是英语的问题，而是与语文素养有关。一个孩子如果在语文学科说、写、阅读等能力上存在问题，在英语方面的表现也不会好到哪里去。归根到底，母语学习是学习基础中的基础。

那么相对语文、科学的趣味性，怎样激发孩子对英语的学习兴趣？家长可以采取这些办法：一是通过志向激励，只要孩子心中有梦，就会有学习的意志力。二是通过评价激励，家长如果能够对孩子的努力及时表现出赏识，孩子的学习动力就会明显增强。三是通过成功激励，当孩子不断进步时，就会产生成就感。

科学自学，拓展学习、探究学习、超前学习都适合

科学是中小学阶段的重要学科。相对而言，当前中学阶段对科学课程已经足够重视，中考、高考中除了语文、数学、英语，选考的科目几乎都与科学有关。而在小学阶段，科学课程的课时量还偏少。

小学阶段是家校共育的黄金时期，小学生家长可以带孩子补充科学知识，提升孩子科学素养。幼儿期家长和初中生家长，也可有所作为。

怎样提升小学孩子科学素养

首先，利用丰富的书籍和网络资源引导孩子拓展学习。

孩子一般都喜欢科普阅读。家长可以就书籍的内容与孩子进行讨论分析，引导孩子多说，并适时点拨，以激发孩子的探究欲望。

当前，许多电视台都开设了科普频道，一些科学网站上也设有网上博物馆等图文并茂的内容，有的还辅以珍贵的科学探究视频，这些都是很好的教育资源。

其次，借助观察、实验、文献研究等方法引导孩子探究学习。

对科学探究充满兴趣是孩子的天性。对此，家长可以进行有效引导，一方面可以借此点亮孩子的科学梦想，另一方面要给孩子提供应

有的帮助。

如对于小学低段的孩子，家长可以引导他们采用观察法，观察植物、动物、天文现象；采用实验法，提出一些科学观点，进行实验验证。

小学高段的孩子可以适度接触文献法。家长可与孩子讨论一些共同感兴趣的话题，让孩子进行搜索探究，然后写写小论文。

我特别提倡引导孩子拆装旧生活用具，这个方法适用于各年龄段的孩子。如旧桌椅、手电筒、电风扇、闹钟、饮水机，甚至洗衣机、电脑、电视机，都可以让孩子尝试拆装，这样既能培养他们的动手操作能力，拆装过程本身也是一种探究学习。小学高段的孩子还可以将拆装过程写出来。孩子写作文就怕没有内容写，有了探究过程，写作其实并不难。

拓展学习和探究学习贵在坚持。家庭教育抓住了这两个核心，能够对孩子科学素养的形成产生积极影响。

家长怎样引导小学孩子探究学习

探究学习需要准备一些材料，对于小学中低段孩子而言，这可能需要家长帮忙。家长要注意以下几点。

第一，探究过程比结果更重要。探究学习的目的主要在于让孩子摸索自学方法，而不是要探究出什么重大成果，因此只要孩子对探究结果感到满意或者有体会就行。即使结果很幼稚，家长也不要取笑。

第二，做孩子探究学习的帮手。在孩子探究学习的过程中往往会出现眼高手低的现象，想法虽然很多，却常难以付诸行动或坚持下去，这时就需要家长的帮助。但家长做帮手，就应该只是帮帮而已，不要代替孩子设计与操作，不然探究的意义就打折扣了。

第三，结合教材进行探究学习，效率更高。小学科学教材呈现了科学知识点的整体脉络。家长可以先让孩子自己看教材，然后引导孩子根据疑问设计探究方案。

第四，理性面对高科技的冲击。人工智能时代，各种机器人、航空航天器等高科技成果层出不穷，导致许多家长很焦虑，仿佛孩子不懂高科技原理就落后了。实际上，中小学属于基础教育，尤其小学又处在基础的底部，这时帮助孩子养成良好的学习习惯，培养他们对科学的兴趣和志向才是最重要的。只有打好基础，才能以不变应万变。因此这时期家长允许孩子做一做有关高科技的梦，浏览一下相关科普书籍和视频等资源即可，而不必强求孩子学习高科技原理，这些内容等到孩子读大学时再学更实际。

幼儿阶段和中学阶段如何引导

幼儿阶段，重在对孩子进行科学启蒙。孩子天生爱探究，脑子里总有数不清的问号。当孩子提问时，家长可以有意识地引导他们进行探究，等孩子有所思考之后，再给他们讲解科学知识。在此过程中，如果能有更多的对话讨论，则是较可取的。

电视动画片对孩子极具吸引力，用心的家长可以选择一些科幻类动画片给孩子播放，等他们看完后再引导孩子讲一讲，这样既能培养孩子"说"的能力，也可借机激发他们的探究兴趣。

家长如能做到上面这些就足够了，没必要让幼儿超前学习科学知识，这样可以省下时间用于语文听、说、读能力的培养。当然如果能结合科学知识练习多听、多说、多读，倒是可以兼顾语文学习和科学学习，是一举两得的事情。

中学阶段，可鼓励孩子开展多种形式的自学。由于学校的科学课程多了起来，时间也紧张了许多。家长能做的，是关心孩子每门学科的学习情况，多鼓励孩子勤奋好学。对学有余力的孩子，可以鼓励他们自学，主要是拓展学习、探究学习、超前学习。

拓展学习包括拓展阅读、拓展练习等。拓展阅读，只要有时间都可以做；拓展练习，则可以像数学学科那样，运用观题、思考、看答案这种高效的学习方法。但这些只是补充，中学阶段的科学学习主要还是依靠在学校的系统学习。

探究学习多采用文献法。家长可以在尊重孩子兴趣的基础上，带领他们探究历史名人、科学现象等。这种做法对于提升孩子的科学素养，拓展孩子思维的深度与广度，甚至对于培养孩子的语文素养都会产生积极影响，对此家长也可以借鉴应用。

科学学科的超前学习比数学更适用，因为知识点更多。一个知识点学不懂，可以改学另一个知识点，学习安排更为灵活。现在，很多网络课程对孩子的超前学习很有帮助。当然，最理想的是帮助孩子找到一本他们自己喜欢的自学配套资料。

把孩子的视野拓展到社会

孩子的学习，不能只盯着书本，更不能只是做题目。陶行知先生说，生活即教育，社会即学校。把孩子的视野拓展到社会，对学习的广度与深度都会产生积极影响。

研学，是拓展视野的好方法

研学是旅游的深化，跟旅游的不同之处在于"研"。家长多花一点心思，可以在旅游"有意思"的同时，增加些"有意义"的"研中学"。

我们做老师的，上课前都要备课。受职业习惯的影响，我每次带孩子旅游前，都会查找资料，事先准备些素材，努力追求把旅游变成研学。

在我家孩子俩小时候，我们全家3次到上海过年，一方面是为了立志，另一方面是为了拓展视野。孩子俩7岁那年，第一次去上海，第一次坐火车，一路上数火车过了几个隧道，兴奋不已。每到一个站点，我就穿插讲与这些地方有关的事。到上海已是凌晨，孩子俩第一次熬夜，也是一种体验。除夕夜晚，我们一家人到南京路去看霓虹灯。孩子深刻体会到大都市的繁华，惊讶于上海大年夜的鞭炮声、南京路夜景的亮丽，对处处充满着新鲜感。过了新年，再次到南京路，孩子俩看到人山人海的场面，对比除夕夜的依稀人影，不知不觉中有了"研究课题"。

研学，到底学什么？起码有：一是学知识，旅途中到处都是新奇的东西。二是学体验，孩子俩第一次坐火车时，看到窗外草地时大叫"草原"，看到几片树林时大叫"森林"，真正体验过了，才会更清楚。三是学习与人交往，旅途中碰到陌生人如何处理，父母是怎么做的，其他人是怎么做的，孩子不经意间都在观察。四是学习最有价值的人文精神。每个地方，都有独特的地域文化，或历史古迹，或名人逸闻。许多景观，甚至一些食品，都充满着人文精神。带孩子旅游，要想方设法地让孩子感受更多的人文精神。

孩子俩9岁时，我们一家人去苏州。我特地带他们去看盘门景区的水城门。孩子看过后，对城门的原理和历史名人伍子胥很感兴趣，回家后查找资料"研究"。

2002年，我带儿子到北京，有意去清华大学玩，并联络朋友在清华校园里的学生食堂用餐。2004年，我带女儿到北京，去孔庙看历代状元的书法碑文，去雍和宫了解多民族文化。我女儿16岁时，我和她去了北京大学的未名湖。这些景点，相对有更多人文精神的元素。当然，研学也不一定都要花大钱外出。实际上，每个地方都有自己独特的人文资源。

让孩子爱上看报纸

相比旅游要花大把时间、金钱，读报纸是我家庭教育中最省钱而作用特别大的拓展学习。

从小学中段开始，我就给孩子俩看《温州都市报》和《温州晚报》。当时，我曾有顾虑。比如，花了同样的时间，看名著好，还是看报纸好？我想，名著要读，可从中汲取历史积淀的人文精神；而报纸，也有人文精神，而且更好地贴近孩子的生活世界。我觉得，两者都不可缺少。还有个顾虑，就是报纸上有很多儿童不宜的新闻，孩子过早接触是否会影响心理健康？但我想，都信息时代了，靠"堵"的方法对付消极的东西，不是长久之计，不如直接面对，帮助孩子学会规避。

读报纸，需要引导。一是让孩子自由阅读。我家订了报纸，都放在客厅，孩子可以随便翻。至于看不看，怎样看，完全是孩子的自由。二是每当我看到相对有价值的新闻，都会推荐给孩子看。三是每当孩子看到报纸上特别感兴趣的新闻，都会对我说他们的想法，不管孩子说什么，我几乎都表扬，表扬他们心地善良、会思考、有同情心……慢慢地，读报纸也就成了习惯。

孩子俩上初中时，我希望他们有更开阔的视野，推荐了《环球时报》。这报纸的许多版面很适合孩子阅读。如科技版面，都是最前沿的科技新闻；如社会文化版面，介绍世界各地的人文知识。

《环球时报》不像地方新闻报可以送到家里来，而是要到报摊上买。我家不远处正好有个报摊，我下班回家常常去买些来。我有时忘记了，也就算了，多一张少一张也无所谓。

后来，家里订了《报刊文摘》等。而孩子俩最喜欢看的，还是《环球时报》。

在我们家，一家人各自低头看报纸的情景，几乎每天都会发生。2007年，我女儿读初中，我儿子读高中，正是学业最忙的时候。有位朋友到我家，看到两个孩子居然在看报纸，想到自己的孩子每天生活在作业堆里，感慨不已。

我有意引导孩子俩讲新闻。每当有空，我会与孩子聊天，问他们最近报纸上有什么特别的事。孩子很喜欢对我说，我就表扬。表扬多了，孩子会主动对我讲在报纸上看到的事，以及自己的评论。

一个孩子说的时候，另一个孩子在听。听到"对胃口"的，他们会点头；听了有不同意见的，他们会提出来。有时候，孩子俩会为不同意见而辩论。

报纸上的科普知识很能开阔视野，特别是《环球时报》，几乎每期都有一些科普文章。每当社会上有什么大事发生时，报纸上就会有相关科普知识的报道。这些具有情境因素的资料，相比平时的书籍更具有吸引力。例如，地震、宇宙飞船发射、国家组织的一些庆典活动，孩子俩都特别感兴趣。

报纸上大多是一些正能量的题材，是引导价值观的好素材。我也常与孩子讨论报纸上消极内容的新闻，如什么案件、什么恶劣现象等。孩子看到这些新闻，常常很气愤。我与他们对话后，不知不觉间，就对孩子进行了价值观引领，这一方法被我戏称为"打预防针"。这些素材的拓展学习，不一定就比学校学到的差。

孩子成绩不理想怎么办

孩子学习成绩好不好，进步了或退步了，背后都会有原因。其中，既有共性规律的原因，也有个性特殊的原因。

共性的原因，可以从学习的基础、动力、方法、个性化帮助等情况来分析。有的孩子开始就优秀，而且一直优秀，基本上是智力水平较高，习惯养成得不错，学习方法掌握得快，得到的个性化帮助也多；有的孩子开始成绩不理想，后来逐步提升，一般是智力不错而习惯养成不理想，随着习惯好转、动力加大，就进步了；有的孩子开始很优秀，但逐步退步，大多是过度超前学习，不过由于习惯不好，随着兴趣、动力减弱，退步是迟早的事；有的孩子一直不错，小学高段或中学突然滑坡，一般是动力出问题；有的孩子开始就落后，一直落后，大多是由于智力或习惯养成的基础问题。共性原因带来的学习情况，都是平缓进程。

如果学习成绩大起大落，大多是由于个性特殊原因，比如孩子对某位教师特别反感，受某个偶发事件影响等。每个孩子都不一样，有些特殊原因还很隐蔽。比如我外甥，幼儿期很聪明，性格也文静，习惯也不错，在老家乡镇小学就读，一年级成绩很拔尖，还做班长，但二年级时突然就落后了，出现厌学现象。我姐姐很急，让他转学并住到我家里来。跟我建立了信任关系后，他说了真话，主要原因是作业

◀ 家教方法 207

太多不愿意写，还有个原因，是二年级时老师把他的班长职务撤掉，他从反感老师发展到反感学习。

所以，孩子成绩不理想，原因往往很复杂。正如一个人头痛，背后的原因都不一样。当孩子成绩不理想时，家长要与老师多沟通，弄清楚主要原因在哪儿才可对症下药。

小学低段成绩不理想，怎么办

第一，正确分析成绩。小学低段的分数，总体上比较高，有的班级平均分都在95分左右。一个小题做错了，只扣几分，很难说93分就比98分落后。如果平时成绩都在平均分边上，就应该认为孩子是优秀的；如果长期在80来分，甚至更低，才是学习上出了问题。

第二，重点关注习惯。孩子刚上学，没有不喜欢学习的，所以一般不会存在动力问题。小学低段也谈不上办法。习惯存在问题的可能性最大。好在小学低段还是习惯教育的白银期，家长多联络教师严格要求，会有好转的可能。特别是从自由阅读、自信说话、自主探究、作息时间自主管理等重要习惯方面着手，抓好了这几个习惯，学习成绩会提上来的。

第三，极个别孩子也有动力问题，比如怕吃苦、缺乏成功感等。有些孩子从小参加各种培训，获奖多多而自我感觉太好，上了小学之后发现自己并不优秀而变得灰心。这类孩子不多，但确实有。解决动力问题，需要持续鼓励，增强其自信心。我外甥住到我家后，我从鼓励他拆装旧家电入手，树立孩子自信心，他的成绩慢慢就上升了。

小学高段成绩不理想，怎么办

小学高段的成绩不理想，原因会复杂些。要改变现状，难度也大一些。

第一，习惯肯定有问题。这时候再抓习惯，已经很困难。如果一定要改掉孩子坏习惯，要跟教师沟通并做好精心设计，形成强大的合力才有可能。改不了坏习惯的话，学习标准就得放低些，不然提不切实际的要求，孩子可能走向叛逆，反而更麻烦。

第二，动力可能也有问题。好在抓学习动力，任何年龄段都能有所作为。可以在多元评价上下功夫，用显微镜看孩子现在的闪光点，用望远镜鼓励孩子绘就未来的梦想。

最需要引导的是志向。志向能产生强大动力。多与孩子聊聊志向，通过各种形式激发孩子的远大志向。如果孩子喜欢某位名人，家长可找找这位名人的传记，或者介绍他生平事迹的文章，与孩子共同研究这位名人的生平。在公开场合多说孩子的志向，创造条件让孩子有机会在公众场合说自己喜欢的名人，这会让孩子获得成功感，也能带动孩子立志，提升学习动力。

有意识地强化孩子的特长也会有好处。比如在过去学过的技能中选择一两个项目继续提升，从特长中找到的自信心和成功感，可能会部分转化为学习基础学科的动力。如果没有什么特长，可以引导孩子探究一些感兴趣的课题，科技的、人文的、动手操作的，只要孩子真心喜欢的，都可以试试。家长帮助找些资料，让孩子形成其他孩子没有的认知高度。这种探究很简单，不存在能力问题，谁都可以做，但孩子一般会认为自己了不起。家长多联络教师，不断表扬孩子的探究成果，有可能可以帮助孩子增强学习动力。

第三，对各学科成绩进行分析，寻找能增加孩子自信心和成功感的个性化学习方向。成绩不理想，并不意味着每门功课都不行，总会有相对好些的学科，可以鼓励孩子大胆自学。现在参考资料很多，简单自学是不难的。这时候的自学，学习信心比学习效果更重要。孩子稍微能自学一点儿，可以适当地夸大表扬，那么很多孩子会在单科自学中找到自信心，从而端正学习态度，这样慢慢会带动各学科进步。聪明的孩子，可以自学数学。智力普通的孩子，可以简单自学英语，比如背英语单词，在家长鼓励下多少背一些是不难的。家长要肯定孩子的自学能力，以激发孩子的学习动力。

中学阶段成绩不理想，主要从动力入手

只要孩子有追求，就不怕出大问题。

如果成绩一直不理想，但还算平稳，往往是综合因素导致的结果。希望全面提升，是比较困难的。盲目补课很难解决问题。这时候，最好能帮助孩子做生涯规划。从孩子兴趣入手，跟孩子商量长大后计划做什么职业，为此要考什么高中、考什么大学。孩子如果认同生涯规划，再给些个性化补课的帮助，可能会有效果。我外甥女成绩一直不错，但不拔尖。到初一时学业负担重了些，学习动力出现隐患。我与她商量，从她感兴趣的美术特长入手，规划以后做美术教师，并找了当地美术名师辅导。因为有目标，她学习很勤奋，果真考上师范院校，后来成了一名美术专业公办教师。我想，即使梦想没成真，起码学习

过程会更稳健。

如果是成绩突然下降，基本上是动力出了问题。有些青春期的孩子，因为价值观迷茫，对学习失去兴趣。这时候，家长要高度重视，解决价值观问题比解决学习问题更紧迫。理想的状态是，走出迷茫了，学习动力恢复，学习成绩慢慢上升。如果走出迷茫，但因落下的学习只能保持现状，我觉得也是值得庆祝的好事，毕竟人比才更重要。有些中学生会出现抑郁问题，那是情绪生病了，帮助孩子走出抑郁是头等大事，家长不应该再纠结成绩好不好。

中学生的学习，动力是风向标。不管成绩好不好，都要不断地帮助孩子找到努力的目标。

我外甥小学转学住到我家时成绩一直不理想，但喜欢动手操作，读初二时，参加市里的小发明比赛获奖。不久，他的小发明作品"膨胀螺丝的改进"获得浙江省"亿利达"青少年发明奖三等奖。经老师指点，我们将该作品申请国家专利，获批。这下他成为"英雄人物"，《瑞安日报》也对此进行了报道。他信心大增，学习非常用功。因为聪明，理科成绩上升得非常快，可英语落后问题难解决。我找了两位英语教师，不同时间对他进行一对一辅导。因为有了学习动力，他英语也进步很快，初中毕业时考上瑞安中学。如果说这小发明有什么神奇的地方，最主要的就是帮他找到了一把增强自信心和动力的金钥匙。

我侄儿转学到瑞安市区学校后，学习变得不认真。上中学时，他爸爸的生意陷入困境，我有意将此事转化成对侄儿的挫折教育。我说他爸爸生意亏了，连吃饭都有问题，问他怎么办。侄儿很伤心。我对他说："叔叔会资助你吃饭的，但学习的事你自己要上心，如果没有志气，长大之后怎么办？"之后一年间，我发现侄儿明显懂事了。初二开始，他的学习态度发生改变，学习也有了进步。

每个人的综合素养是有差异的。成绩优秀当然高兴，成绩一时落后也很正常。成绩不理想，先想想办法，如果依然不理想，也要包容。不管孩子成绩怎么样，家长与其焦虑、指责，不如做个站在路边鼓掌的人。孩子跑得快要鼓掌，跑得慢也要鼓掌。孩子成绩不理想，自己肯定也有压力，有的孩子甚至会有负罪感，家长为落后的孩子鼓掌，那才能体现父爱母爱的伟大，孩子成年后也许会更感激父母。

学习是马拉松，短期的进退，家长也不必太焦虑。少年早慧固然可喜，大器晚成也很成功。即使孩子读了很普通的高中，努力考上理想的大学也很有可能。即使只考上普通大学，在大学时努力，考上研究生的也很多。我外甥本科读的是普通大学，后来考上了上海交通大学的硕士研究生。家庭教育重在持之以恒地给孩子精神力量，孩子迟早会回报惊喜。

寻找"卷"与"不卷"的平衡点

最近几年，教育界出现一个网络流行语：卷。从北方到南方，从沿海到内地，从幼儿到高中生，普遍在"卷"。

为什么会这么"卷"

"卷"的背后，有学校原因，也有家长原因。

幼儿期，"卷"培训班学习。体艺技能培训，国学、编程辅导，什么都学，不怕多。实际上，学点适当的体艺技能，培养点兴趣，多点儿交往，是有好处，但并不意味着学得越多就越好，更没必要让幼儿"卷"。

对知识，我有个比方：基于孩子的好奇心的知识，如水；强迫孩子学习而无法擦出思维火花的知识，就像石头。当知识是身外之物的石头时，学习就是一种负担；当知识是生命之源的水时，学习就是一种享受。

幼儿期是习惯教育的黄金期。如果习惯没培养好，"卷"再多，到了学龄期成绩也会逐步滑坡；如果习惯培养好，不用"卷"成绩也不会差。幼儿期，家长"卷"孩子不如"卷"自己，抽空学习些教育常识，把孩子习惯培养好，才有利于他们长远发展。

学龄期,"卷"高分和补课。学习固然需要扎实的基础,但得有个度,过度了会适得其反。学科基础,正如建造房子的地基,地基不稳固当然会影响房子质量。但如果把地基作为艺术品精雕细刻,实在没必要,因为再好的地基也会被压在泥土下。

我的教育观是,起码小学生不应苦学。正常智力的孩子读小学,100分的试卷考个90分相对容易;从90分考到95分,要花一些精力;从95分考到100分,需要花很大的精力;如果能轻松获得90多分,说明该孩子具备学习能力,不如省下时间自由学习。自由学习是快乐的,学得再多也不算"卷"。被动学习需要意志力,超过承压能力的度,会造成伤害。

动不动就送孩子去补课,很可能会出现"头痛医脚"的现象,是在无端地"卷"孩子。许多孩子学习成绩不佳,并不是学习量太少,而是非智力因素造成的,比如怕苦的情绪、厌恶的情感、缺乏面对困难的意志、习惯的偏差等。对成绩不佳的孩子,仅靠补课是没有用的,要从非智力因素方面找到原因,对症下药。而对成绩拔尖的孩子,送孩子去补课,不如引导他自学。补课是被动学习,自学才是主动学习。当然,不排除有些孩子因习惯、动力等问题造成学业退步,而通过教育后习惯有所改善、动力有所恢复,再把落下的课补起来,这样有针对性的补课是可取的。比如,我外甥彬初二变得勤奋好学时,我请两位英语老师来补课,这就有针对性。但这是短期的个性化措施,谈不上"卷"。关于学龄期孩子的学习,家长真正要抓的是学习的习惯和动力,而不是抓高分、抓补课。

学习不能以牺牲身心健康为代价

"卷",首先危害身体健康。长期睡眠不足,肯定会伤害身体。其次危害人格。过度的学习,最先影响兴趣,进而影响价值观,严重的可能会影响人格。同时,"卷"也影响学习效率。人的学习如赶马车,兴趣是马,能力是轮子,知识如车上装的货物,如果缺乏兴趣、能力,哪怕车上装着再多的货物,马车跑不动也没用。现在国家高度提倡为中小学生减负,一些学校有所行动,一些家长也反对"卷",但依然没有从根本上解决问题。

家长也矛盾,大家都在"卷",如果自己孩子不跟着,怕学习落后。有人用剧场效应来比喻。本来都坐着看戏,忽然有观众站起来,慢慢地每个人不得不站起来,最后出现所有人都站在凳子上看戏的怪诞现象。"卷",是当前基础教育最普遍的怪诞现象。

在"卷"与"不卷"之间找个平衡点

我孩子出生时,我在瑞安市教育局高中科工作。看到高中生这么辛苦,我不忍心让孩子俩以后也这么"卷",于是重视对他们习惯的培养和学习动力的激发,同时放低学习要求。幼儿期、小学阶段,孩子俩都没有参加一个培训班。我儿子初三时说自己英语口语不行,我找了位教师帮他培训,效果不错,我让我女儿也一起参加。我儿子到高二结束时参加高考,因为高三教材是自学的,感觉语文比较弱,跟一位语文名师学了一段时间。我女儿读高一时,发现化学很难自学,我找了位化学特级教师帮她补课，补了十来次，她说基本上可以自学了，也就不补了。此外的补课都没有，孩子俩到高考前每天睡眠时间都有9小时以上。

孩子俩中学时采用一半时间到学校、一半时间在家自学的学习方式，这是为了避免应试教育的伤害而不得已采取的变通措施，对一般人来说风险很大，不值得借鉴。但是，引导有条件的孩子自学，是符合教育规律的，是可行的。我的经验是，从小学高段开始，排名在班级前三分之一的孩子，可以尝试自学。如果形成适合自己的自学方法，那么到中学时可以明显减轻"卷"的程度。

起码有一点，当家长发现孩子"卷"到出现健康隐患，得断然采取措施。比如，孩子经常睡眠不足，家长要跟老师沟通，看看能否经家长签字后减免作业。又如，发现孩子越来越缺乏兴趣，或者出现价值观偏差的苗头时，家长也要跟老师沟通。教育的本质是培育健全人格，如果过度学习伤害到人格，那就本末倒置了。

我觉得，对"卷"与"不卷"的问题，是可以走走中间路线的。每个孩子都不一样，包括睡眠时间、学习习惯与动力、写作业的速度、学习方法等，个体差异很大。鼓励孩子勤奋好学，对有条件的孩子可引导他们自学。在孩子刚开始"卷"时，可以先观察观察，如果孩子适应，当然也好；如果不适应，尤其是影响到身心健康时，要想办法采取个性化学习的措施。

我侄女小学时成绩拔尖，比我家孩子俩成绩要好。当时我缺乏经验，再加上侄女学习成绩这么拔尖，也就没有想到要引导她自学。侄女读初一时住校，学习越来越"卷"，长期睡不够，经常肚子痛。这种情况下，她成绩还是很拔尖，考上了瑞安中学。但在高中，她依然睡不够，还是经常肚子痛。我跟哥哥商量，果断放低对她的学习要求。侄女本来估计可以考上重点大学，后来考上了普通大学。上大学后，长期困扰她的肚子痛问题不治而愈。有次请教一位名医，医生认为心理因素会造成身体的病痛。我感觉当时在侄女身心健康出现隐患时降低对她的学习要求，是很明智的选择。

实际上，我家孩子俩开始自学时，我也会放低对他们的学习要求。我儿子读小学时，语文成绩一直倒数。我跟他商量，只要身心健康，他以后做个商人也不错。我女儿初中时经常写作业到夜里十点多，我跟老师商量让她少做作业尝试自学，刚开始时她成绩下降到班级中下水平，那段时间是我家庭教育最纠结的时候。我和女儿商量坚持自学，如果真的成绩提不上，以后就在楼下租个店铺卖衣服，女儿也同意。

在人与才的关系上，家长往往把才看得过重。追求成才本无可非议，但过分地追求成大才，特别是纠结于考试分数、比赛名次等细节，往往会事与愿违。成才也要从长计议。昨天刚种下果树苗，今天就盯着结出果实，不是孩子不争气，而是教育者心太急。

科学家、艺术家、政治家是"才"，医生、教师、工人、技术人员是"才"，所有自食其力者都是"才"。俗话说，三百六十行，行行出状元。大人物，有幸福的，也有不幸福的；普通老百姓，有幸福的，也有不幸福的。家庭教育不能只想着把孩子培养成大人物，而应该以幸福为本。幸福人生，身心健康是基础。如果有这样的认识，对付可怕的"卷"，就会理性些。

自立素养

自立,既指独立人格,也指积极向上的内心精神世界。

家庭教育要通过立志、阅读、平等对话等方法,点燃孩子的精神世界。

让孩子决定自己的事,是培养独立人格的好方法。

教育的本质是培育健全人格

古今中外，人们对什么是教育的本质争议不断。有一个观点比较被认可：教育的本质是培育健全人格。我非常认同健全人格观。

什么是人格

关于什么是人格，目前理论界大体上是这么解释的：人格，也称个性，指一个人在对人、对事、对自己等方面的社会适应中，形成相对稳定的心理特征的总和，包括能力、气质、需要、动机、兴趣、意志、价值观等；人格，是性格的内在心理基础，决定了人的行为方式。

以我的理解，人格是一个人相对稳定的心理品质。教育的本质是培育健全人格，大体上的意思是，通过各种有效的教育措施，呵护孩子的心理健康，塑造孩子的心灵，让孩子形成相对稳定的心理品质和优秀的个性。

什么是健全人格

学术界在人格研究方面存在很多流派，但遗憾的是，这些理论对家长和教师很难有什么实质性的帮助。

我曾对人格相关文章进行研读。我认为，把复杂的问题简单化，可以从两个角度着眼：一个是人格基础，另一个是独立人格。1995年，我原创人格坐标：横坐标为人格基础，纵坐标为独立人格。这个人格坐标，一直指导着我的教育实践，包括学校教育和家庭教育。

2012年，我将人格基础分为自然属性、社会属性、精神属性三个层级。近几年，我一直思考独立人格的自主性。

由此，我完善了人格坐标：横坐标为人格基础，包括自然属性、社会属性、精神属性三个层级；纵坐标为独立人格，包括依赖型、半自主、全自主三个层级。

结合这个人格坐标，对什么是健全人格就比较好理解了。

首先，每个人都具有自然属性、社会属性、精神属性，这是人格基础。每个人都是三种属性的三位一体：相对于自然界，人就是自然人，是一个生命体；相对于社会，人就是社会人；人也是精神人，每一个人都有自己独立的精神世界。不同的人，三种属性的人格因素所占的比例是不同的；同一个人，在不同的时间段，三种属性的人格因素所占的比例也会动态变化。

其次，每个人都是独立的人，这是独立人格。独立人格主要表现为自主性、理性、创新性、批判思维等，核心是自主性。

横坐标方面，一个人把健康摆在第一位，自然属性的人格就健全；自虐，甚至自残，人格就不健全。追求成功，追求真善美，社会属性的人格就健全；如果以假恶丑为乐，人格就不健全。能够智慧对待人生的荣辱得失，追求精神生活的幸福，精神属性的人格就健全；价值观混乱，无所追求，精神萎靡不振，人格就不健全。

纵坐标方面，独立性越强，越利于健全人格。如果到了一定年龄，还是过于依赖他人，缺乏主见，那是依赖型人格，人格有缺陷。

自律、自学、自立，是健全人格导向的教育理念和方法

自律、自学、自立，是我家庭教育的核心思想。

结合我原创的人格坐标，自律，呼应横坐标上人格基础的自然属性。自然人具有动物本性，要成为社会人，得加强自律，控制不当欲望。自学，呼应社会属性、精神属性。社会人需要学习立德的修养、立业的生存技能，精神人需要通过学习形成智慧的境界。自立，呼应精神属性和独立人格。精神人，贵在立志、耐挫，自强不息；独立人格，重在行为能力独立、思维独立等。自律、自学、自立的"自"，呼应纵坐标的独立人格，强调自主性。

自律、自学、自立，是相互依存的关系。自律是自学、自立的基础，自学是自律、自立的载体，自立是自律、自学的动力。从能力角度分析，自律，会形成自制力；自学，会形成学习力；自立，会形成内驱力。

如果把人格比喻成一辆汽车，那么自律是自我控制，相当于刹车；自立是自我驱动，相当于油门；自学是"搬运"品行、知识、技能和智慧，相当于车厢，学多学少相当于载重量的大小。

自律、自学、自立的教育价值在于：从横坐标的人格基础看，通过自律将自然属性的人格因素逐步减少，通过自学、自立将社会属性、精神属性的人格因素逐步增加，从而优化孩子的三种属性人格因素的比例结构。从纵坐标的独立人格看，主要是帮助孩子克服依赖性，给孩子更多的自主权，从依赖型到半自主再到全自主，逐步提升自主性，

让孩子的人格越来越理性、越成熟、越独立。

如何培育健全人格

第一，从自然人角度看，要呵护身体健康。当一个孩子身体健康出现问题，或者人身安全受到危害，特别是程度过深，或者受害时间过长，超过了一定的"度"，就容易损害人格。

家长要把孩子的身体健康摆在第一位。饮食均衡，睡眠充足，讲究卫生，养成健身习惯，这些都关系到人格。

第二，从社会人角度看，要追求美和成功。每个社会人都希望自己美、成功，都希望把自己美与成功的一面展示给他人。成年人的世界里，女人爱漂亮，男人喜欢追求事业成功。孩子同样有这些需求，甚至更强烈。

外貌漂亮的孩子，会更自信。但不是所有孩子都漂亮。家庭教育的责任，是让漂亮的孩子更自信，让外貌不漂亮的孩子也能感觉自己是美的，比如让孩子认可"鸟美在羽毛，人美在心灵"的价值观。

要引导孩子从小追求品德美、气质美、语言美。一些早期教育成功的孩子，能充分展示出品行美，这些孩子上学后很容易受到他人喜欢，从而有利于他们塑造人格。反之，孩子如果表现得很调皮、很任性，常常展示丑陋的一面，就难以得到他人的尊重，会进一步对人格的塑造产生消极影响。

成功是相对的。孩子天生会跟同伴竞争，优胜者会有成功感，弱者会难过、压抑，甚至会有挫败感。有多个孩子的家庭，要多关爱弱者，让这些孩子了解到每个人都有自己的长处与弱点，帮助他们找到自信心。一个长期自卑的人，人格很容易出问题。

上学后，孩子最容易受竞争环境影响。成绩优异的孩子，所获得的成功感能够促进人格发展；成绩落后者，容易产生压抑、偏激的心理。从健全人格的目标着眼，家长应该适当淡化成绩的横向比较，更多地鼓励每个孩子的努力；尤其对学习相对薄弱者，要呵护他的人格尊严，不取笑、不挖苦，避免给他留下难以磨灭的阴影。

社会属性的人格主要在群体环境中形成，取决于受到尊重的程度和个人的心理平衡度。一个人感受不到尊重，心理就容易失衡，进而危害人格。家长要关注孩子的心理平衡度，要避免无意中对孩子的人格造成伤害。我倡导"公开表扬、私下批评"，就是这个原因。如果常常公开批评孩子，无意中让孩子在他人面前暴露丑相，对健全人格不利。

第三，从精神人角度看，要追求智慧和幸福。智慧，指人的聪明才智和生命的境界，是由智力、知识、方法与技能、非智力因素、观念与思想等综合作用而形成，能让人深刻理解人、事、物、过去、现在、将来，拥有理解力、洞察力、判断力、决策能力等。

智慧属于一种精神，需要在学习、实践的基础上，通过心理因素综合作用而形成，所以也被称为心智。缺乏应有的引领，心智发展会受影响。有些人成年之后还很幼稚，就是指他心智不成熟。

心智的形成，需要智者引领。什么是智者？指有智慧谋略的人。家庭教育中，家长不能只做管理者，而要努力做智者，最起码也应该是教育者。管理不等于教育，在孩子的成长过程中，教育永远大于管理，要少点说教，多点启发、疏导。

作为精神人，除了智慧，幸福是永恒的追求。幸福与人的社会地位、经济条件关系不大。社会地位高、经济条件好的人，有幸福的和不幸福的，社会地位不高、经济条件不好的人，也有幸福的和不幸福的。幸福，取决于人的幸福感，取决于价值观和人生智慧的境界。

智慧、价值观、幸福感，都是精神的东西，很隐蔽。家长要常常去了解孩子到底在想什么。我倡导的平等对话，就是希望更好地了解孩子的内心精神世界。有些家长觉得孩子不懂事，不耐心听孩子说话，把简单说教当作教育。他们没有走进孩子的心灵，甚至连走近孩子都做不到，就不能引领精神成长。

第四，从独立人格角度看，要尊重和培育孩子人格的自主性。孩子的人格发展从依赖型到半自主、全自主，是自我生长的过程。尽管孩子还小，家长仍应该多让孩子自己做主。孩子的生活，是自己的事，要鼓励自理；孩子的习惯，是自己的事，要鼓励自律；孩子的学习，是自己的事，要鼓励自学；孩子的人生路，得由自己走，要鼓励自立。只有引导孩子自律、自学、自立，教育的外力才能更好地激发孩子塑造与完善人格的内力。

点燃孩子的精神世界

人们常说，教育就是唤醒，教育就是点燃。这些话不是空话，而是精神属性视角的比喻，蕴藏着教育的真理。唤醒、点燃，指的是把人的精神状态唤醒、点燃。人们也说，教师是人类灵魂的工程师。灵魂，就是精神；工程师的责任，就是要塑造孩子的精神世界。

家长是孩子的第一任教师，理所当然也是孩子心灵的工程师，要把点燃孩子的精神世界作为家庭教育的重要任务。

人的成功与否，很大程度上依靠人的精神。人特别容易被自己打败，只有精神强大，才可克服困难到达成功的彼岸。人的幸福与否，则完全取决于精神。幸福是内心体验，精神强大者更能品味幸福。引领精神成长，是教育最核心的任务，自然也就是家庭教育最核心的任务。

什么是精神

人的精神，内隐的是兴趣、爱好、价值观、情感、气质等相对稳定的心理特征，外显的有行为习惯、性格、意志、文明修养、人生智慧等。

比如价值观，是对宇宙、对社会、对人生的认识。有人认为人生很空，重在享乐，这样精神就会空虚；有人认为人生需要奋斗，这样就会有追求。

比如情感，积极的有幸福感、美感等，都会让人焕发精神活力。

比如意志，人生不可能一帆风顺，意志是人生成功的重要因素，也是一种重要的精神力量。

比如文明修养，有教养的人，举手投足间都会显示出特别的精神气质。

价值观是"知"，情感是"情"，意志力是"意"，文明修养等是"行"。教育就是知、情、意、行的过程。这几个方面做好了，精神面貌也就有保障了。

精神与人格密切相关。人格是精神的源泉，精神对人格产生影响。人格，是一个人相对稳定的心理品质；精神，是人格所表现出的动态的心理因素。人格，是隐性的精神；精神，是显性的人格。比如，春风来了，柳树上萌发了嫩芽，人格就如柳树内在的生长力量，嫩芽就如人格所表现出来的精神，而春风也是种外来的精神力量，唤醒了柳树内在的生长力量。

家庭教育要引领哪些精神

第一，引领价值观。价值观既是智慧的基础，也是幸福感的基础。

价值观，一般指广义的价值观，包括世界观、人生观、狭义的价值观。世界观，是关于宇宙的观念。人生观，是关于人生的观念。狭义的价值观，是关于社会的观念。

如何抓价值观？从真善美入手。价值观是一个人精神的底色，真善美则是这个底色的三原色。凡是传递真善美的，都利于价值观的塑造。

幼儿的价值观主要通过习惯教育获得，在弘扬真善美、遏制假恶丑的过程中沉淀下来。幼儿的价值观特别容易受到环境的影响，因此，优化孩子成长的小环境，能为孩子的价值观塑造保驾护航。

动画片会对幼儿的价值观产生重要影响。有些动画片存在隐患，家长要多一点心眼。如果发现有暴力情节、以丑为乐的低俗内容，哪怕只有一点儿，也可能在无意中损害孩子的价值观。我家孩子俩小时候，凡推荐给孩子看的动画片，我们夫妻都会先一起看几集，确认没有价值观问题，再让孩子看。

学龄期，学校都将立德树人摆在首位，课程体系特别重视价值观教育。所以，只要适应学校教育的孩子，价值观都会发展得好。但是，会有些孩子不适应学校教育，有些孩子还会故意跟老师对着干，价值观就容易出问题。也有些孩子，因为家教不当，会带有极大的负能量，不仅自己难转变，还很容易影响同伴。如果发现孩子表现出不当的价值观，家长要及时与班主任沟通。

到了青春期，孩子因独立人格的发展，会对价值观进行重构，这时候有较大的风险，家长要注意多与孩子平等对话。我特别建议让青春期的孩子阅读些名人传记，主要就是为了引领价值观发展。

第二，引领智慧。智慧需要知识基础，但智慧不等于知识。知识，是人类社会的经验；而智慧，是对知识学习、实践之后获得的能力与境界。知识，通过学习获得；智慧，通过顿悟获得。

智慧是一种聪明才智，但不等于聪明。聪明是一种能力，智慧既是能力又是人生的境界。聪明得益于遗传和学习，智慧靠学习、实践、反思与自我修炼。

引领智慧，就是要通过阅读学习、启发疏导、挫折磨炼等方法，让孩子学会自我修炼，让心智变得成熟。知识可以灌输，但智慧靠灌输是没有用的，只有激发了孩子的自主性，智慧才有可能增长。

第三，引领幸福。价值观是幸福的基础。三观不正，人生就缺少方向感，精神就容易萎靡不振。智慧是幸福的重要组成部分，也是通往幸福的桥梁。一个人为什么感觉不幸福？一般是因为遇到什么特别的困难，解不开什么特别的心结。从客观上来说，不是所有的困难都可以解决，对这些解决不了的客观困难，只有从智慧的境界中，从主观上化解心结。

幸福与人的需求有关。心理学界有个需求层次理论，人的需要由低到高，依次为生理需要、安全需要、归属与爱的需要、尊重需要、自我实现需要等。家长要关注这些合理的需要，特别要关注尊重需要和自我实现需要这些高级的需要。我在学校教育中实施"尊重教育"，在家庭教育中采用自律、自学、自立方法，相对能满足孩子尊重的需要。

幸福与是否有追求有关。我很赞同一句话：幸福是追求的过程，而非追求的结果。有追求目标，其过程是充满幸福的。家庭教育引导孩子追求真善美，会给孩子带来长远的幸福。科学教人求真，人文教人求善，艺术教人求美，引导孩子热爱科学、人文、艺术，既可以增加童年的幸福感，也能为他们今后的人生幸福打好基础。

怎样引领精神成长

孩子的精神，正如柳树发芽，既靠内在的生长力量，也靠春风等外力。引领孩子精神成长的方法很多。

第一，环境熏陶。社会大环境是个复合体，既有正面的因素，也有负面的因素。环境对孩子的影响是一个恒量，接触积极因素多了，消极因素就缺少影响空间；长期缺乏正能量的影响，负能量就会乘虚而入。家长没办法改变社会大环境，但应该优化家庭小环境，让孩子感受更多的积极因素。

第二，志向引领。志向，是习惯教育的动力，是学习的动力，也是精神成长的重要动力。从小树立远大志向，会让孩子对未来充满期待，精神就会舒展。

第三，阅读感悟。阅读，是与智者对话，与自己的心灵对话；只有阅读，才能使人更加明白生命的弥足珍贵，才能使人的精神更加丰满。

第四，体育锻炼和艺术陶冶。体育能使人精神舒展；音乐、美术、文学、戏剧、电影、电视等艺术，也容易触动心灵。体育和艺术教育不等于学特长，更不是为了比赛获奖，而在于引领精神成长，因此具有独特的育人价值。

第五，挫折磨炼。孩子在成长过程中，常常会碰到挫折，这时候，正是引领精神成长的好时机。挫折并不可怕，家长要想办法把挫折变成挫折教育，这样就把坏事变成了好事。

第六，启发疏导。孩子在成长过程中常常会出现心理困惑，家长要学大禹治水，采取宜疏不宜堵的方法。孩子的教育贵在说服。说服，重在服，要通过对话，让孩子心领神会、心悦诚服，而不是以势压人。与孩子展开平等的对话，容易使孩子敞开心扉，特别是充满哲理的对话，会让孩子豁然开朗。

第七，言传身教。我家孩子俩小时候，我喜欢把自己的追求展示在孩子面前。比如我考研究生，明知道考不上，但还是去考，想的就是给孩子展示屡败屡战的精神。我常把家庭困难告诉孩子，希望让孩子感受到父辈也是精神强者。我做校长时，提倡家长与孩子共成长，一方面倡导家长多学习家庭教育理念和方法，另一方面倡导家长不断修炼自己的精神境界，并以精神力量引领孩子精神成长。

引领精神成长的前提是走近孩子的心灵

每个孩子都不一样。要想引领孩子的精神成长，前提是了解孩子的心思，走近孩子的心灵，最理想的是走进孩子的心灵。

怎样才能知晓孩子的心思？一是观察孩子的眼睛。都说眼睛是心灵的窗户。没错，孩子高兴、忧郁，都会通过眼睛反映出来。二是与孩子平等对话。言为心声，说话最能反映人的想法。如果从来不观察孩子的眼睛，很少跟孩子对话，就很难知道孩子的真实想法，那么引领孩子精神成长也就无从谈起。

孩子俩小时候，我们无话不谈，与我的"肯说比说得好更重要"和"平等对话"等教育观有关系。幼儿期，孩子俩不管说什么，我几乎都表扬。我创新的"100个好"评价，看起来是评价过程，实际上也是平等对话的过程。孩子俩9岁开始读报纸，我们常常讨论社会现象，这也是走进孩子心灵的办法。孩子俩青春期，我们也无话不说，还常常发信息互相勉励。

家长对孩子精神有引领，孩子就会跟家长亲近，情感上亲近了就会说心里话，都说心里话了自然能更好地引领精神成长。这是教育的良性循环。

从小树立远大志向

立志，是引领精神成长的重要方法。

我家庭教育的立志思想，先在外甥彬的教育中使用。彬转学住到我家时，学习很被动。一次，他调皮，拿酱油、味精、盐在客厅的地上玩，我发现后，有意往立志方向引导他学习爱迪生，之后又鼓励他拆装旧家电，并强化他通过"科学实验"做发明家的志向。慢慢地，志向带动他学习态度好转。

从外甥彬的教育中得到经验后，在我家孩子俩的教育中，我特别重视引导他们立志。

立志，让孩子俩的童年充满激情

孩子俩出生半个月时，特大台风在瑞安登陆，许多邻居都在风雨中逃难。从孩子俩稍懂事起，我就说："凡历史名人出生时都会有自然灾害，如岳飞出生时碰到了洪水。"他们幼小时很相信自己以后会是大人物，不然怎么会出现台风呢。

孩子俩幼儿时，我以儿童的幽默，学着孩子的口音，把中科大说成"蝌蚪大学"，清华大学说成"青蛙大学"，哈佛大学说成"打哈欠大学"，把诺贝尔奖说成"牙杯盖奖"（瑞安方言谐音）。孩子俩很喜欢,常做"青蛙大学""蝌蚪大学""打哈欠大学"的游戏。无形中,这也引导了他们树立拿"牙杯盖奖"的志向。

外甥彬读初二时,因小发明比赛获奖,立志做发明家,学习成绩一路上升,初中毕业时考上了瑞安中学。彬的转变,让我更加坚信立志的教育价值。这时,孩子俩也进入幼儿期,我更加重视立志教育。

第一,有意接触学者。我平时喜欢跟学者交往。我大学同学郑友富、林初锐都大我10岁,都是教授,先后做过原浙江省瑞安师范学校的校长。他们跟我很友好,对孩子俩特别关心。孩子俩小时候,无形中受到林伯伯、郑伯伯的影响。

时任中央教科所教育心理研究室主任俞国良教授对孩子俩影响很大。孩子俩两岁时,俞教授到瑞安的小学来做科研,我当时在教育局工作,参与接待。很荣幸,我请到他来家里做客,俞教授抱着孩子俩拍了照。2000年,中央电视台主持人白岩松专访俞教授,我无意中看到,节目中出现了俞教授抱着我家孩子俩的照片。孩子俩小时候的志向,与这件事有些关系,常喜形于色地说,"我是上过中央电视台的"。

2001年,我请俞教授指导学校"尊重教育"课题,与他接触更多了。俞教授的几位博士生以及中央教科所教育心理研究室李树珍教授等,先后来到瑞安,跟孩子俩都熟悉。2002年,我带儿子去北京,俞教授开车接我们;2004年,我带女儿去北京,李教授叫她儿子开车送我们去故宫,俞教授还安排了跟我和女儿聚餐。在孩子眼里,教授、博士是很神奇的,孩子俩看到神奇的人都与自己有关,必然会受到精神力量影响。

瑞安老乡蔡笑晚先生对孩子俩的影响也很大。我平时常讲蔡家老大蔡天文、老二蔡天武和小女儿蔡天西学业有成的故事。孩子俩读小学一年级时，校报上刊登了知名校友、哈佛大学蔡天西教授的来信，孩子俩非常兴奋。我从多渠道了解到，蔡家的旧居在丰湖街，居然离我家只有500米左右，于是多次带孩子去看蔡天西旧居。

后来，我到上海拜访蔡笑晚先生，我们相识了。蔡先生对我的教育思想很欣赏，对孩子俩特别关心。蔡先生回老家时，我们两家常常聚餐，蔡先生总是鼓励孩子俩立大志、大胆自学。儿子考上中科大少年班时，获得蔡氏奖学金；女儿考上南科大首届教改实验班时，也获得了蔡氏奖学金。这不是一般的奖学金，更饱含了蔡家英才立大志、成大才的精神力量。

我平时常接触一些名人，凡有机会，总想办法让孩子俩与他们见面聊聊。孩子14岁那年，中国工程院钟山院士到瑞安来。我试着与他联系，为孩子俩赢得与院士交谈一个小时的机会。见面后，儿子说"一定要学好科学"，女儿说"也要当科学家"。

第二，跟孩子一起"做梦"。孩子俩儿时的梦想是得诺贝尔奖，我也就常与他们一起"做梦"。有次，他们买了两条金鱼，发现有条金鱼眼睛是瞎的，兴奋地猜想"瞎眼睛的金鱼寿命长"，因为瞎眼睛金鱼吃鱼食时很吃力，"生命在于运动嘛"。过了一段时间，另一条没瞎的金鱼果然比较早死，那天我家"沸腾"了。一个"课题"过去，马上会有新的"课题"出现，孩子俩一直生活在"梦想"中。

孩子俩13岁时，正儿八经地"研究"宇宙形状。儿子说"空间会是个圆"，女儿说"时间可能也是个圆"。女儿报考南科大时写了篇《我的科学梦想》，如果没有平时的"梦想"和"研究"，是不可能写得出来的。

第三，以家长的追求引领孩子的追求。2001年，我到瑞安市安阳实验小学当校长时，孩子俩只有7岁，我与他们慎重商量要不要当校长、碰到困难怎么办。孩子俩自然不会懂，而我喜欢将这些大人的事与孩子商量。到2011年我离开瑞安，10年间，瑞安市安阳实验小学经历了跨越式发展，从一所新校发展为温州知名学校，我自然都会将这些喜事与孩子俩分享。学校也经历了多次的危机，那些适合孩子知晓的，我也都将事情来龙去脉详细告知。如此一来，学校的发展，自然也变成孩子俩的共同追求。

我参加过两次瑞安市拔尖人才评比，参加过温州市"十大杰出青年"、温州市名校长、温州市首批教育名家等评选，过程中都与孩子俩商量，获评通过后，孩子俩自然很振奋。有时候，我更喜欢把自己的失败展示给孩子俩。有次去考研究生，我的英语很差，估计考不上，但我还是去考，并且让孩子俩做做"爸爸考上研究生"的梦，结果落榜，孩子俩很难过。有次我申报特级教师，结果也落榜。我觉得，我展示给孩子的，是屡败屡战的精神，这也是一种精神引领。

2015年，新东方教育在北京开年会，邀请我在主会场介绍家教经验，我讲了以学习引领学习、以追求引领追求、以精神引领精神的家教经验。后来中国教育学会家庭教育专业委员会理事长朱永新老师知道了我的育儿经验，在文章中引用了我以精神引领孩子精神成长的做法。

我对立志教育的体会

第一，孩子应该有志向，最好树立远大志向。孩子天生有梦想。听童话故事时，男孩子总把自己当成王子，女孩子总把自己当成公主。

我做校长时喜欢问孩子们有什么志向，有说想当科学家的，有说想当军人的。有次我问一位五年级的女孩子，她说想做剑桥大学校长；有次我问一位六年级的男孩子，他居然说想当总统。大人可能会感觉孩子的志向好笑，但孩子心里真是这么想的。

孩子的志向可能不止一个，有时候既想做伟大的人物，也想做农民工。凡孩子有志向，家长都应该给予鼓励，让孩子说说原因和努力的计划，并抓住契机帮助孩子树立远大志向，支持孩子的所有努力。

第二，接触家乡历史名人和阅读名人传记，是立志的好方法。每个地方都会有名人，这些都是儿童教育的珍贵资源，只要家长用心去寻找，不难找到适合引导孩子立志的偶像。我家乡瑞安是个小县城，但用心寻找会发现历史上名人辈出。有宋代永嘉学派代表人物陈傅良、叶适，有清末教育家孙诒让。范围扩大到温州市，历史名人古有谢灵运、刘基，近当代有姜立夫、苏步青、南怀瑾、谷超豪。因为我特别用心，这些历史人物的故事都曾是孩子俩的教育资源。

看名人传记也是与名人对话的一种形式。孩子俩小时候看过并受其影响的名人传记有《改变世界的大科学家》等。书中关于牛顿、马可尼、弗莱明等科学家的事迹，很励志。他们最喜欢《一路投奔奇迹——爱因斯坦的生命和他的宇宙》，这本爱因斯坦传记是孩子俩童年时最珍贵的宝贝。

现在各个地方的文化部门，常常会组织名人讲坛。家长如果有心，带孩子去听听这些讲坛，会对孩子立志产生影响。

第三，把远大志向带来的动力引导到学习上来。志向是一种精神，会产生精神动力。有了志向，如果没有实际行动，那只是空想。最理想的状态是，将动力用到学习上来。立志相当于给汽车发动机点火，学习则相当于用汽车运载知识、技能、智慧。

我有句谈志向的话被全国媒体广泛转载："教育，要让孩子做梦，帮助孩子追梦，而不要太在乎是否圆梦。"做梦，是立志；追梦，则是学习、实践等行动。

我还有句自我感觉很满意的话："志向会产生引力，自学会产生推力，如果孩子具备这两种力，想不成才都难。"志向如果能与自学相结合，那才是教育追求的境界。蔡笑晚先生家庭教育核心思想是早教、立志、自学，也是把立志和自学结合起来。

我在广东碧桂园实验学校做校长时，为一年级至九年级都设计了立志课，每4周安排一节课，以班级为单位让学生轮流谈志向。我发现，任何年龄段的孩子，都需要立志教育。我还为小学高段和初中部开设"凤凰学堂"，每个月聘请一位社会名人与青春期孩子对话。从毕业生反馈情况看，大家对这些立志教育还是很认可的。

自信是自立的基石

自信,是发自内心的自我肯定与相信。自立,需要自信作为基础。

孩子之间免不了会比较、竞争,落后的孩子容易不自信。如果孩子长期不自信,很容易影响到上进的动力和童年的幸福感,甚至影响到成年后的性格。

我家孩子俩小时候,我非常看重自信心培养。我常对孩子俩说:"往前看,往后看,左看右看,上看下看,你站在哪里?你就站在宇宙的中心!诺贝尔奖得主在宇宙的中心,总统在宇宙的中心,每个人也都在宇宙的中心,为什么觉得自己不如他人?"

如何培养孩子自信

第一,要多元评价。孩子的成长离不开评价。合适的评价,具有春风化雨的神奇功能;不合适的评价,则会使孩子的缺点雪上加霜。多元评价,就是好的评价方法。

我儿子上幼儿园后,运动技能方面明显落后,好几次,跳绳不合格,哭着回家。我问:"你就没优点吗?"儿子说自己乒乓球打得不错,我这么一问,他心理也就平衡了。

从培养自信的角度看,让孩子参加些体育、艺术类培训;或者鼓励孩子研究某种植物、动物，研究航空母舰、历史人物等，拓展知识面；这些经历都会让孩子在同伴中显得"高超"些，有利于增加自信。

有时候，家长要有意识地抓住闪光点，比如"你这孩子脸黑黑的，真健康""今天你都不生气，心态就是好"等。

侄儿浩从小天资聪明，但转学到瑞安市区学校后受到班级同学的欺负，初中阶段变得厌学。我当时经验也不足，对他批评很多，他常被我批评哭。批评得多了，我母亲会呵护着他，很自然地，浩对奶奶也特别好。后来，我就表扬浩对奶奶孝顺，说他情商高。浩到高中后成绩好转。如果我当时纠结于分数，肯定会打击浩的自信心。

第二，多给锻炼的机会。我女儿从小很自信，而我儿子相对内向，与人交往时常表现出不自信。我有意识地创造机会引导儿子。孩子俩7岁时，我们到上海"大世界"游玩，这里有一个专为小朋友表演的节目，节目主持人不时请小朋友上台互动。在我不断的鼓励下，儿子举手回答了问题，得到一个盘子作为奖品。经此次锻炼，儿子常说："在'大世界'都敢上台，还有什么可怕的？"

有次，我和儿子在清华园漫步，我说"这地上的每一块石子都有名人走过"，儿子说"是的，也包括今天我在走"，受到我格外称赞。我经常表扬儿子在清华园说的话，儿子越来越自信。

我儿子一直对英语口语很不自信。有一次，我陪儿子外出，在宾馆电梯里碰到一个外宾。我拉拉儿子衣角，暗示他用英语与外宾对话，他就是不敢开口。出了电梯，我引导他说："外国人有什么可怕的呢？你连名教授都见过了，难道外国人比名教授还厉害吗？我想，正当你想说时，电梯已经到了，所以来不及开口吧？"儿子点点头。一会儿，我们从楼上乘电梯下来，想不到又碰到外宾，这次，儿子壮着胆子与外宾说了几句。回来后，我大力表扬了他。

第三，宽容对待孩子的不足。孩子犯错如家常便饭。家长要引导孩子，犯错是不可避免的，关键在于对待错误的态度和寻求纠正错误的方法。孩子犯错后，固然需要给予批评甚至惩罚，但也要给孩子留足面子。

我外甥彬对学习一直不上心，直到读初中二年级时，他的小发明在比赛中获奖，才迎来重大转折。如果说这小发明有什么神奇的地方，那就是我帮他找到了一把增强自信心的金钥匙。从小学三年级到初中二年级，这个转变过程跨度很长。其间，我始终以平和的心态宽容对待他的缺点，并以放大镜的视角发现、欣赏他丁点儿的闪光点和进步。如果我有情绪化的教育心态，恐怕彬就不会成为上海交通大学的硕士。

第四，要帮助孩子克服自卑心理。每个孩子在成长过程中，都会或多或少出现自卑心理。幼儿期，孩子可能因自理能力不足而自卑；少年期，孩子可能因家境条件不好而自卑；学龄期，孩子可能因与同学间的竞争不胜出而自卑；青春期，孩子可能因身体发育情况而自卑……这些都是正常现象。孩子的自卑心理源于消极的自我暗示，又因外人的不当评价而得到强化。有时，本身无关紧要的小问题，因为大人的无端评价，反而加剧了他们的自卑心理。比如，小孩胳膊上有个胎记，这本身并不是问题，大人看到后说"怎么会有胎记，多难看"，这貌似在关心孩子，实际上已经伤害到了孩子的自尊，正所谓"恶语伤人六月寒"。

孩子出现自卑心理时，家长要及时给予疏导或者积极的暗示。如果听之任之，孩子长期处于自卑状态，有可能会形成自卑情结甚至自卑性格。自卑因每个人的心理认识偏差而产生，要克服自卑心理，只有从改变自我认识入手。如一些孩子因生活条件不好而自卑，给孩子看"穷人的孩子早当家"的故事，则大有裨益；而一些有生理缺陷的名人的故事，如个子矮小的拿破仑、瘸腿的罗斯福总统、失聪的贝多芬等，在帮助孩子消除因相貌原因形成的自卑方面则更有针对性。

孩子的教育，难在不一定知道孩子为什么自卑、什么时候自卑。所以，多让孩子读一些名著，相当于提前储藏精神食粮，随着自我修养提升，他们就能慢慢克服自卑心理。

自信会持续产生上进的动力

孩子俩上学后就表现出不一般的自信，一直动力很足，包括习惯培养，也包括学习。后来，自信也成为孩子俩性格的一部分。

我儿子报考中科大时，我陪他参加少年班复试。回来的路上，正遇台风"海鸥"影响温州。车上，儿子写了首诗发给他姐姐："雨作矿泉水，风乃蒲扇吹。海鸥何所惧？到底谁怕谁！"一会儿，我女儿回信息："微风送君归，细雨迎车随。得知状元来，海鸥展翅飞。小扇驱尘退，斜丝接天醉。天涯心同喜，徘徊盼君回。"一个说"到底谁怕谁"，一个回"得知状元来"，何等的自信！

我女儿报考南科大时，我陪她坐火车去北京参加笔试。车上，女儿发我一条信息："独瞰深冬，北龙南驰，昆山内外。看苍穹酣眠，大地辗转。月洒银辉，灯戏旷野，万类雪天竞逍遥。怅生灵，问茫茫宇宙，孰梦孰醒？"我跟她聊了好一会儿。她说，现在研究科学的人太少了，好像人都睡着了。言外之意，她自己有可能会成为大科学家。笔试结束，女儿说试卷考的内容很深，所以自己肯定能考上，因为"我是自学出身"。

南科大首届教改实验班是自授文凭，国家不承认大学学历。女儿收到录取通知书后，我跟她聊：迟一年完全可以上浙江大学，要慎重考虑是不是真的去读南科大。她很自信地说："如果没有真才实学，拿个大学文凭有什么用？如果有了真才实学，又何必在乎什么文凭？"

我儿子在初中时交了位好朋友周同学，他经常为我儿子背书包，两人也一直互相勉励。周同学很聪明，但有个特点就是自信心不足，成绩一直摇摆不定。他父母常带孩子到我家来，我不断对他给予鼓励。初中毕业时，他正好达到瑞安中学录取分数线。读高中后，周同学还是隔段时间就到我家来，跟我聊聊。他高中毕业考上浙江农林大学，我当时调到杭州来工作，他又经常到我家来聊聊。后来，他考上浙江大学研究生，之后又到美国名校攻读博士学位。从这孩子的成长经历中，我更加深刻体会到自信的力量。

体艺的价值不在于获奖

体育，在孩子眼里就是玩。孩子天生爱玩，所以也天生爱体育。跑步、跳远、跳高、皮球、乒乓球、篮球、足球，只要让孩子接触，没有不喜欢的。

体育在人的一生中都有重要意义。体育，不只有健身的价值，还关系到人的精神。孩子对体育的兴趣，在体育技能慢慢形成、提升的过程中获得的自信和成功感，体育训练中形成的毅力，体育竞技过程中表现出来的拼搏精神、合作精神，都属于精神范畴。

人们常说，心情郁闷时，跑跑步、打打球，流了汗，心情马上会好起来。这一点，在生理科学上已经被证实。凡体育爱好者，性格大多乐观，这足以说明，体育能引领人的精神成长。

孩子天生爱艺术。音乐、美术、文学、戏剧、电影、电视等艺术，特别能触动其心灵。

婴儿时，孩子说话像唱歌，唱歌像说话。幼儿特别喜欢儿童画，不用教，拿着什么笔都能画。他们经常把自己置于画面上想象的情境中，与诸如外星人、机器人，或拟人化了的小动物们在一起。诗歌是孩子的宠儿。诗歌想象力丰富，思维有跳跃性，很符合儿童心理需求。所以，幼儿都喜欢背诵诗词。

艺术能陶冶情操，在孩子的精神世界种下了真善美的种子，当这些种子生根、发芽时,其审美教育、情感教育、价值观教育等,也就水到渠成。所以,艺术能丰富孩子的精神世界。

体育与美育密切联系,健康与美历来是一个整体。德智体美劳"五育"并举,是国家的教育方针。体育、艺术具有丰富的德育元素,喜欢体育、艺术的人更有精气神。体育、艺术能促进大脑神经功能的发展,有利于记忆力、思维等智力发展。体育训练和各种运动,可以提高劳动技能。热爱劳动,本身也是一种美。体育与艺术,是健全人格的重要渠道,也与孩子当前和今后一辈子的生活品质息息相关。

体艺这么重要,要不要参加培训

我认为,如果条件具备,让孩子参加些普惠性的培训还是有必要的。接触更多的项目,会拓展孩子的视野,也便于将某些技能培养为特长。

如果没有条件参加培训,或者不想参加培训,在家里让孩子玩体育、玩艺术,孩子获得的幸福感是一样的,同样能够引领他们精神成长。现在幼儿园、小学对体艺课程都相当重视,孩子只要肯学,在学校完全可以形成一些特长。

现在社会上一些有点"卷"的培训机构,举办一些钢琴考级培训、书法高级培训、体育项目高级培训,如果真是遇到名师,当然能够更好地培养孩子的特长。学不学这些特长,要看孩子的兴趣与天赋。如果孩子是个好苗子,先不说以后为国争光,谋个职业至少能够相对容易些。但是,如果孩子缺乏兴趣,家长强制孩子去参加高强度的培训,则会让孩子产生痛苦体验,这就本末倒置了。

我家孩子俩小时候，我很重视体育和艺术，但不追求特长。体育类，我只关注运动时间，至于玩什么，由孩子自己安排。艺术类，我也引导他们唱歌，但都没有要求。孩子俩也曾对乐器产生兴趣，跟着音乐课进度学了一段时间竖笛，但终究对乐器的兴趣不如对阅读与科学的兴趣浓厚。孩子俩也都没有参加美术类培训班，他们画画完全是凭兴趣。我现在想想，也不见得就错了，长大后任何时候，想学体艺都是可以学的。

要不要参加比赛

让孩子参加一些合适的比赛，有好处。获奖了，能够增强自信心、增强成功感。失利了，也是必要的挫折教育。

但是，孩子的时间是个恒量，这儿多了意味着那儿少了。为了某个技能的比赛，如果需要花大量时间训练，家长则要综合分析得失利弊。

现在社会上有些人专门把孩子技能比赛做成产业。家长花点钱，孩子都可以获得各类奖，甚至什么全国奖、什么世界奖，五花八门的奖都可拿到，这就变味了，很可能让孩子形成投机取巧的心理和不劳而获的价值观。

爱好，比技能、特长更重要

体艺技能、特长，属于学习的能力与水平。而爱好，是一种生活的态度。生活态度关系到人一辈子的生活品质。

爱好，不等于特长。人是有差异的，能力与水平本身都不一样。有的孩子因为特长而爱好某些东西，有的孩子因为喜欢而爱好某些东西。比如说，吹笛子，不是说只有对于笛子吹得极好的人才算是爱好，公园里许多老人都爱好吹笛子，也不见得他们都是高手。比如说，中华武术，不是说练到有武功才算是爱好，只要喜欢练武术，达到健身效果，都可以算爱好。

实际上，任何体育大奖，都比不上孩子养成终生锻炼身体的习惯和爱好来得重要；任何艺术大奖，都比不上孩子对艺术的兴趣与爱好来得重要。

阅读引领精神成长

引导孩子阅读非常重要，这几乎是教育者的共识。但是许多人认为，阅读是语文学习。我认为，阅读的最大价值，不是学知识，而是通过触动心灵引领精神成长。教育界有句名言："一个人的阅读史，就是一个人的精神成长史。"我非常赞同这个观点。

从引领精神的角度看，到底该读哪些书

幼儿期、学龄初期，以读儿童文学类与科普类书籍为好。儿童文学，比如童话、儿童诗，童言童语自然贴近童心。科普类，现在书店有很多少儿科普读物，都适合阅读。儿童文学，偏重人文精神；科普书籍，偏重科学精神；而科学与人文，正是精神成长的"两条腿"。

小学高段、初中阶段，我特别看重国学经典与报纸阅读。国学经典，是中华文化最宝贵的精神财富。瑞安市安阳实验小学的国学经典学习做得相当出色，我们曾在浙江大学出版社出版了《小学经典文学读本》，小学低段的读本都加了注音，孩子们很喜欢。我家孩子俩都曾在安阳实验小学就读，受益匪浅。

孩子俩从小学高段开始，就读报纸。我家订了报纸，都放在客厅，孩子可以随便翻翻；每当孩子对我说报纸上的事时，不管说什么，我几乎都表扬。我也常问"最近报纸上有什么特别的事",孩子就喜欢说,有时还评论一番。我感觉,读报纸不比读名著差。国学,内容偏向于历史;而报纸,内容偏向于社会;历史与社会领域,都是饱含人文精神的巨大宝藏。

中学阶段,是性格定型的关键期,需要读名著、名家名篇,因为名著、名篇是经过历史积淀而形成的厚重精神文化的载体。目前,中学生因应试教育的过重学业负担,少有时间读名著,这是当前教育有点遗憾的地方。

我特别倡导,青春期的孩子读几本名人传记。凡名人,几乎都经历过挫折,最终克服了困难赢得成功,名人故事中充满着人文精神。家长可以分析下孩子平时喜欢哪些名人,找相应的名人传记,孩子看自己喜欢的名人的传记,收获更大。如果家长也跟孩子一起读读名人传记,平时也多些话题,会更容易引领孩子的精神成长。

孩子俩小时候的名人榜样是爱因斯坦,我看到爱因斯坦的传记书籍都会买。爱因斯坦儿童期的故事,对孩子俩产生了较大的激励作用。他们也特别喜欢看《改变世界的大科学家》等,牛顿、马可尼、弗莱明等科学家的事迹,很励志。如弗莱明,从小家境贫寒,7岁时父亲去世,长大后当了医生,下决心研究与细菌相关的药物,经过多年的研究,没有收获,但后来他在一次偶然中发现了青霉素,开创了抗生素时代,1945年获诺贝尔奖。这些人物的传奇故事,都给了孩子俩强大的精神动力。

如何让阅读更好地引领精神成长

如何让阅读更好地引领精神成长，关键在于是否有心灵触动，有两种比较好的阅读方式：

一是泛读。广泛地阅读，如蜜蜂采蜜。阅读，贵在自由。如果弄个书目，逼着孩子读，这种带有过多任务性的阅读，很容易适得其反。特别是逼着读，孩子内心反感，心灵上都排斥了，何以触动心灵？

在我们家，尝试采取"自由阅读＋对话"的方法。家里备有大量书籍，至于孩子阅读什么，完全自由选择。我有空时，问问孩子读了什么书，谈谈读书体会。不管孩子讲什么体会，基本上都得到我表扬，孩子就更喜欢阅读，也更喜欢与我对话。对话，最利于心灵互动。

我倡导家长从宏观上提出阅读要求，至于具体怎么读，应该允许孩子有更多个性。可引导孩子制订阅读计划，家长只是引导而已，而不应该规定过细，要求过严。曾有位家长找我咨询，说她孩子在一所名校就读，成绩也不错，但班级规定阅读升等级，而孩子偏偏不喜欢，后来常常出现情绪失控的现象，最近经常哭着不想去学校。这个案例可能比较特殊。但是，在过于严格的阅读规则下，看起来孩子是规规矩矩的，但从引领精神成长的角度看，这是不可取的。

二是精读。如果发现特别有意义的书籍或者名篇，可以推荐给孩子精读。家长如果有博览群书的习惯，既可为孩子做榜样，也可以帮助孩子发现精品。让孩子多读励志类的书籍，比如一些名人传记，更利于触动心灵。一些名家名作，也往往很激励精神。我喜欢看些美文，不时推荐给孩子读。

我的经验是，小学生以自由阅读为好，自由才会喜欢，喜欢才有成长。孩子在自由阅读中，心灵会得到人文精神的熏陶，这是"人"的教育；而规定阅读书目，或者让孩子参加阅读考级，就是侧重"才"；阅读更注重"人"的精神，自然更好。我曾在学校创新了"1＋X"阅读方式，"1"为师生共读的书，有系统书目；"X"则为自由阅读。这种阅读方式，既关注学习规律的"有意义"，也关注孩子内心的"有意思"。

中学生因为时间宝贵，以精读为好。中学生正处于价值观形成的关键年龄段，是否有精品的阅读，有可能成为引领孩子人生走向的重要因素。作为家长，自己也应该多读些专业外的杂书，使内心精神更加强大。

我深信，一个人阅读的广度，能影响一个人精神的厚度，也往往能决定一个人优秀的程度。

把挫折变成挫折教育

人生一辈子,不可能没有挫折。有的人碰到挫折就一蹶不振,有的人则很有耐挫力。耐挫力是精神力量的重要因素。

耐挫力,是可以培养的。

把挫折变成挫折教育

孩子成长的过程中,不可能没有挫折,如孩子学习成绩下降、与同学发生冲突、身体受伤等。一些家长看到孩子受挫折了,总是很心疼。一些家长从小吃尽苦头,凭着惊人的毅力闯出一番事业,可当生活条件好了,却怕自己孩子吃苦,对孩子百般呵护。这貌似关爱孩子,却容易让孩子变得脆弱。

遇到挫折,不见得都是坏事。如果从消极的角度去看,挫折就是坏事;如果从积极的角度去看,挫折就有可能变成好事。当孩子遇到挫折时,如果家长给予孩子足够的时间,让孩子直面人生中的风雨,当再遭遇挫折时,孩子就会积极面对。

挫折与挫折教育是两个概念,孩子遇到挫折时,只有对他进行恰当的引导,才有可能变成挫折教育。家长心中应有挫折教育的意识,当孩子遇到挫折,如与同学发生矛盾,或者受到老师的不公正对待,要想方设法把挫折变为教育契机。

曾有家长带孩子找我咨询。她儿子因调皮戏弄同学，被一位家长严厉警告并多次吓唬，孩子怕了，好几天不敢上学，吵着要转学。我说，如果马上转学，看起来是保护孩子，实际上是让孩子逃避问题，不如引导孩子纠正自己的错误，尝试自己解决问题。

当孩子碰到挫折时，家长不宜马上介入，摆平问题不等于教育。当然，如果孩子面对挫折无能为力，或者产生消极心理，家长要适当介入，给予应有的启发与疏导。孩子若长期生活在失败的阴影中，也会影响人格发展。家长什么时候出手帮助，要综合分析对孩子成长的利弊之后再定。

我女儿刚转学到瑞安市安阳实验小学时，在与同学的交往中碰到了困难。同班的几个调皮同学，与隔壁班的同学闹矛盾，把她拉去当"靶子"，押着她跟那些同学吵架。她被踢了好几脚，同学们就以"你敢打校长的女儿"来吓唬人。女儿很难过，既被人踢了，又觉得被人利用了，与我聊起这件事，想转学回瑞安市实验小学。我引导她，碰到困难就想到逃避，这是软弱，能否自己想办法解决？女儿说试试看。后来，她不知不觉中就解决问题了。我问她怎么解决的，她说："原本同学们叫我，我不会拒绝，后来想想有些同学品行不好，拒绝品行不好的同学是应该的，他们来拉我时，我马上警告他们会报告老师，他们也就不敢再拉我了。"

挫折过后重在激励。如果没有恰当的引导，遇到挫折，有可能会打击孩子自信心，还有可能会激发孩子对抗与仇恨的心理。而恰当的激励，可以把坏事变成好事。

我儿子初中时喜欢奥数，也因奥数获奖被瑞安中学特招。儿子到高中时，两次竞赛都失利。我引导儿子放弃奥数之路，毕竟痴迷了这么多年，受到了较大的挫折。我给儿子讲述了人生需要学会放弃的道理，特别讨论了解放战争时期党中央主动撤离延安的故事，帮助他逐步调节好心态。有这么一次舍得的经历，一次忍痛割爱的经历，对今后人生路是弥足珍贵的。

把家人的挫折，转化为孩子的挫折教育

我小时候，父亲做青砖谋生。一次烧砖时，有坏人用松树枝在砖窑上挖了个洞放气，我家损失很大。事后，我父亲做了一件令我终生难忘的事：把那烧焦了的松树枝，系上红头绳挂在屋顶的大梁上。每每看到这根松树枝，我就想到父母受人欺侮的无奈，从而发奋学习。我父亲没有上过学，可也懂教育学。

受他们影响，我喜欢与我家孩子俩聊工作、生活中的挫折。孩子俩听到爸爸受挫了，会担心，会帮助想办法。当然，任何困难最终都会过去的，孩子就会感到挫折并不可怕。事后，我常说一句话："看到前面没路了，不要悲观，也许正是转方向的时候。转了方向，不就是机会吗？"

我喜欢对孩子俩讲讲我过去的挫折。有次，我们在飞云江码头玩，看到渡船，我讲起了我初中毕业后读平阳师范学校的故事。当时，我家到平阳要花一天时间，要在飞云江码头坐渡船。有一次坐渡船时，我不小心把雨伞掉到江里，感到很痛心，差一点儿要跳下去捡。由此展开，我谈到当时的学校生活：我把助学金和家里给的钱大部分用来买书，晚上肚子很饿，卖馒头的人都到寝室里叫卖，同学们吃馒头的

香味很诱人，可我舍不得买一个馒头吃。我说："现在爸爸吃大鱼大肉都不香，却常常在夜里梦到吃馒头，什么时候写篇《馒头飘香》的文章，也许是篇很感人的散文。"孩子俩听了有所触动。

1989年底，因家庭经济困难，我只身赴北京做点小生意。腊月二十九到上海，我买了回温州的轮船票，身上只剩零花钱，因开船时间未到就去了外滩游玩，没想到误了时间，赶到码头，船已离岸50米。当时，没有电话，没有信用卡，我又身无分文。后来，在一位好心老人的帮助下坐火车到金华，又在一位好心司机的帮助下我才平安抵家。这件事，我多次对孩子俩说起过。孩子俩小时候，我们全家3次到上海过年，一方面是为了拓展视野，另一方面也是为了让他们体验我曾经的挫折。2007年第三次到上海过年，腊月二十九那天正好下大雪，孩子俩跟着我到码头寻找"爸爸沦落上海街头的足迹"。

接触名人事迹，感悟先人智慧

古今中外的名人，大多经历过挫折。让孩子接触身边的名人，更容易受到激励。比如作家姚亦菲老师，曾因政治运动坐了20多年牢，近60岁出狱后再上师范讲台，成了我的班主任。他很少埋怨世道的不公，而是积极面对新生活，给予我们学生强大的精神力量。孩子俩小时候，我曾多次请当时已经70多岁的姚老师到我家做客，有次姚老师还住在我家。

诸如此类的做法，让孩子俩直接面对历经磨难的长者，更容易感受到长者坦然面对挫折的巨大勇气。孩子都是很感性的，容易受到长者的精神鼓舞。当自己碰到挫折时，孩子会以长者为榜样，耐挫力自然也就提升了。

挫折教育也是"知、情、意、行"的过程。引导孩子如何应对挫折，这是"知"；让孩子多体验，这是"情"；树立克服困难的决心，这是"意"；最后恰当解决问题，这是"行"。有了这个过程，才是历练。

公开表扬，私下批评

教育的基本方法，是表扬与批评相结合。表扬很方便，可以口头表扬、点头微笑以示表扬、鼓掌表扬，也可以书面表扬，如写信、在孩子网络空间留言、发手机短信等。而批评就难些，容易让孩子反感。

表扬与批评有技巧

第一，表扬要多，批评要少。批评太多，会打击自信心，孩子也有可能逐渐麻木，或者产生反抗心理。批评前最好"备课"，并预设孩子的一些优点以备用。要么在批评前先表扬优点，要么在批评后再表扬优点。

都批评了，还怎么表扬？可以表扬孩子在错误中、犯错误前后的闪光点，如孩子调皮打碎了花瓶，如果是好奇心打碎的，可以表扬搞研究的孩子有出息；打碎后马上捡碎片的，或者哭了的，可以表扬孩子自觉认识到错误；也可以表扬孩子其他方面的优点，如打碎花瓶后，表扬孩子昨天某事脾气好、前天看书特别认真之类。孩子听到表扬，对批评也就容易接受。

有时候需要表扬五六个优点，再指出一个缺点，孩子才容易听得进。即使发现孩子有一堆缺点，也不宜一次性都指出来，应该选择一个一个来。

第二，表扬可模糊，批评要明明白白。孩子面对批评时，天性会反感，只有批评得具体明白，才可让孩子口服心服。不轻易批评，批评后不轻易放过。对于孩子通过努力可以改进的那些缺点，可以进行批评；而孩子怎么努力都没办法改变的，批评了也没用，就不宜批评。表扬可以夸张，批评要注意分寸。批评时不能主观臆断和感情用事，应就事论事，不能算旧账。家长若说了"过头话"，或者总是喜欢新账旧账一起算，孩子会不服气，还可能伤了他们的自尊。

第三，公开表扬，私下批评。为什么要私下批评？不论大人还是孩子，作为社会人，追求的是美与成功。表扬，是展示美和成功，符合社会人的心理。而批评，则是揭孩子的丑。如果在公开场合批评，就不符合社会人的需求。

我做校长20多年，经常看到家长拉着孩子的手，一边走一边严厉批评孩子，甚至骂孩子。这是很糊涂的。长期公开批评，很可能会动摇孩子作为社会人的人格基础。

不只家长，有时一些年轻的教师也会犯教育常识的错误。比如，发现班级里两个孩子吵架了，会想当众解决问题，让双方当事人说说怎么回事。孩子作为社会人的人格特点，几乎都是说对方不对。双方互相揭丑，越说越增加仇恨。正确的做法应该是，把孩子轮流叫到隐私场合谈话。

家庭教育是同样道理。家里有两个孩子，吵架了怎么办？当面对峙、批评、训斥，都是揭丑的教育，是损害社会人人格基础的教育。

我家孩子俩小时候，我遵循"大事清楚、小事糊涂""可以改的错误清楚对待、估计一时难改的错误糊涂对待"的原则。对于孩子核心素养方面的教育，我不允许有偏差，而对非核心的东西，就相对宽松。当孩子的错误非教育不可时，我的方法是，把孩子叫到房间，关起门来讨论、批评。批评前，我会听听孩子的意见。平等的表达，更能使孩子心服口服。至于批评什么，对他人都保密。如果孩子接受批评并决心改正，在打开门时我就表扬了，"这孩子真不错，有点错马上就改"。

儿童教育需要奖惩并用

表扬与批评相结合，加大些力度，就是奖励与惩罚相结合。同样道理，奖励不嫌其多，而实施惩罚则要慎之又慎。

奖励，不一定都需要物质，精神奖励更胜一筹。奖励，重在强化孩子的荣誉感，让孩子感受到，只有最优秀的人才可以得到。

我设计的"100个好"评价，既是家规教育的载体，也是很好的奖惩措施。达到100个"好"者提出自己的愿望，而成果由两个孩子共享，当另一个孩子分享时，获奖的孩子会觉得自己做了好事，自然有更多的荣誉感。

孩子如果犯了大错，惩罚教育是必要的。家庭是社会的缩影，家庭教育不严，有可能会使孩子走向违法甚至犯罪的深渊。

但是，惩罚要慎用，而且切忌武断、讲"过头话"。惩罚的艺术就是，哪里犯了错就惩罚哪里，这样比较好。如孩子看电视犯了错误，就暂时不让他看电视；孩子打球犯了错，就暂时不让他打球；孩子做游戏犯了错，就暂时没收他玩具。有时候，孩子犯了大错，家长惩罚不让孩子吃饭等，也并非不可，只是这样的惩罚会让孩子摸不着头脑。

选择怎么样的惩罚程度，也有讲究。惩罚是把双刃剑，惩罚程度越高，震慑的力量越大，但副作用也越大。正如人生病后，并不是一下子用高等级的抗生素就好。

孩子俩幼儿时，我们约定不能观看指定电视节目外的内容。一次，孩子俩看完《蓝猫淘气3000问》动画片之后，还多看了一会儿电视，被我发现。我便与孩子俩商量，以"第二天不看《蓝猫淘气3000问》动画片"为惩罚方式。那天，我让孩子俩坐在电视机前，但电视不通电，他们看着黑屏想想哭哭。我觉得，这样的惩罚是有必要的。

惩罚作为一种传统的教育方法，有其独特的教育价值。而体罚，则是两败俱伤的行为，既伤孩子人格，又伤家长与孩子的感情以及在孩子面前的威信，家长千万要避免。很多人格出问题的孩子，都是从家长实施体罚开始走向叛逆的。

与孩子平等对话

孩子俩成年后，我问他们"家庭教育对你们影响最大的方面是什么？"他们总结了三点，即立志、自学、平等对话。立志与自学，是我有意为之，而平等对话，之前我并没有系统认识到。孩子俩将平等对话列在与立志、自学同等的位置，是我想不到的。好在我平时认识到教育要尊重与要求相结合的基本原理，注意多与孩子聊聊，不然可能会留下遗憾。我想，平等对话，更能点燃孩子的精神世界，更利于培养孩子的独立人格，因此也更贴近教育的本质。

平等对话，前提是平等

为什么强调平等？

首先，孩子的人格与家长是平等的。教育的目的之一在于培养孩子的独立人格。其次，平等了才会有教育的氛围。如果家长的教育从来都是强势命令，孩子要么会变得性格懦弱，要么会出现反感的情绪甚至反抗的行为。教育孩子贵在说服。说服，重在服，要通过平等对话，让孩子心领神会、心悦诚服，而不是以势压人。

为什么强调对话？

说教，是单向的，即家长高高在上地对孩子灌输他们的想法；而对话，则是双向的，是平等的，是亲子之间的互动。说教，对孩子来说是被动的，孩子可能没听见，可能没听懂，可能听懂了但不认同，可能听了就忘记。对话，能够激发孩子的自主性和思维活动，容易使孩子认同且入心入脑，更利于他们反省。对话，还因为是充满情感的互动过程，容易使孩子敞开心扉，特别是充满哲理的对话，会让孩子豁然开朗，有可能点燃孩子的精神世界。

平等对话的背后是尊重

第一，要尊重孩子的需求。孩子的幸福感与大人不同。孩子特别喜欢玩水、玩沙，有时玩得满头大汗还乐此不疲；孩子特别喜欢小动物，小猫、小狗作出一点表情，都能引起他们情绪波动。如果以成人的标准去分析，孩子的幸福体验往往被看成是低境界的，这容易产生教育的偏差。

第二，要尊重孩子的隐私。孩子跟家长说悄悄话，是对家长的信任。如果家长随意把孩子认为的"秘密"公开，孩子就不信任家长，就不会说真心话。

第三，要尊重孩子的不同观点。意见不同很正常，不能一言不合就抑制孩子表达。正因为有不同观点，所以才需要对话。

对话的目的，在于启发与疏导。启发，指阐明事理；疏导，即疏通和引导。孩子在成长过程中常常会出现心理困惑，家长要学大禹治水，采取宜疏不宜堵的方法，要通过智慧的话语，激起孩子心灵的涟漪，使孩子有所感悟。

我家孩子俩8岁那年，某天他们神秘地告诉我："奶奶讲迷信，怎么行？"我感到事情有点棘手。如果批评母亲，显然不妥，这与我平时教育的孝顺观念有冲突；如果不了了之，"奶奶讲迷信到底对不对"等问题会困扰孩子。同时，孩子"告密"后，将要承受很大的心理压力。斟酌后，我从文化的角度，对孩子俩解释宗教是哲人创建的人生哲学，孩子俩的困惑便解开了。

如何让平等对话发挥更大的教育作用

第一，家长要有全人观。要综合分析孩子的优缺点，基于孩子自身发展，选择最容易做到的事，通过对话帮助孩子形成合理的计划。

第二，家长要树立威信，不断提升自己的人格高度和学识高度。怎样提升人格高度？有意把自己真善美的一面展示在孩子面前。怎样提升学识高度？当然得多学习。起码针对计划与孩子对话的话题，事先思考怎么引导比较好。教师上课前都要备课，家长教育孩子之前如果也能准备下，效果自然会好些。

第三，选择对话的时机。孩子特别高兴时、特别难过时，都是对话的好时机。

孩子俩小时候，我喜欢跟他们聊聊。在家里，在路上，在共同阅读后，在经历特别情境后，我常会与孩子俩深入对话。万松山上我与女儿的对话，上学路上我与儿子的对话，这些都能启迪孩子的智慧。孩子俩有了手机后，我常常与他们发信息，这也是平等对话的一种方式。

第四，平等对话时，家长要视需要提出合理要求。苏联教育家马卡连柯说，教育的基本准则是，尽可能多地尊重孩子，尽可能多地要求孩子。我觉得要求不是越多越好，贵在恰当。我丰富了尊重与要求的关系：没有尊重就没有教育，只有尊重也不是教育；教育的基础准则是，尽可能多地尊重孩子，尽可能恰当地要求孩子。所谓平等对话，平等重在尊重，对话重在恰当地提要求。

让孩子决定自己的事

我读大学时在学校图书馆看到一本介绍欧洲某所幼儿园的书,说各班都建立幼儿议事会实施民主决策,说这是为了培养幼儿自主性和选择能力。我很好奇,一直印象深刻。我家孩子俩出生时,我在瑞安市教育局工作,常接触幼儿园园长。有几次跟园长说起幼儿议事会,几位园长均认为有意义。

结合我对健全人格的认知,孩子俩两三岁时,我创新了自主决定法。我从给予孩子选择权开始,逐步增加自主权,帮助孩子学会独立判断,从而培养独立人格。

我最喜欢用的两句话:一句是"你说呢?",另一句是"就照你说的办!"。"你说呢?",有利于激发孩子的自主意识,克服孩子的依赖性。"就照你说的办!",有利于培养孩子的自信心与责任担当,归根结底还是培养独立人格的自主性。

孩子俩婴儿期,我就有意多让孩子做选择,然后说"就照你说的办!"。如春天适宜带孩子外出游玩,直接带孩子外出也无妨,但我一般会问:"天气这么好,你去不去?"孩子说"去",就是选择。如果说"不去",也是选择,但我如果认为孩子应该出去,也不强制,而是先讲道理,再让孩子选择:"现在9点钟,那等会10点出去还是11点出去?"

孩子俩3岁后，我家电视解禁，但不允许孩子看规定之外的节目。电视的吸引力很大，我母亲看电视时孩子俩也想看。我设计了一个选择题："如果奶奶看电视时，你们也看，爸爸会叫奶奶回老家，到时候你们就没人带，就会饿肚子。你们说，看电视好还是不饿肚子好？"孩子俩异口同声说"不饿肚子好"。我说："就照你们说的办！"孩子就不会多看电视。

孩子俩上幼儿园后，每当问我"怎么办"时，我就常用"你说呢？"来引导了。大多数情况下都是同意孩子的意见。如果感觉明显不妥，我会说"再想想看"，孩子会顺着我的思路提出意见，然后我会说："就照你说的办！"

孩子俩上小学后，我在家庭教育中就开始用上平等对话了。尽量从不同的角度分析事情之后，由孩子决定自己的事。

为什么要由孩子自主决定

第一，培养责任心。孩子的成长过程中充满变数，难免会出现这样那样的问题。如果凡事都由家长决定，出了问题后，孩子容易把责任推给家长。一些家长喜欢包办，或强制孩子做一些事，这不仅吃力不讨好，还很可能会使孩子形成不当的归因风格或埋怨他人的性格特点。自主决定会使孩子更努力，若出现困难，孩子也没有任何理由埋怨他人。

第二，培养思维能力。孩子小时候，思维能力不足，往往出现非白即黑的认识。自主决定常有两难选择，会让孩子感悟到任何事情都有好的一面，也都会有不好的一面。常与孩子讨论，从多角度提醒，孩子的思维能力才会增强。

第三，培养独立人格。遵循独立人格的依赖型、半自主、全自主依次提升的规律，培养孩子自主意识与自主分析、自主决定的能力。

孩子人生的路要由他们自己走，这既是基本人权，也是基本责任。尽管孩子的成长要由家长帮扶，但仅仅是帮扶而已，不能以任何理由剥夺孩子的自主权。孩子婴儿时学走路，先得由家长扶着，会走路之后家长要尽快放手，这个道理谁都懂。孩子的人格发展、孩子的学习都像学走路一样，家长不能"扶"得过多。

我有句话受很多专家称赞：最好的教育是引导自律，最好的教学是引导自学。这说的就是教育过程中要尽可能多地给予孩子自主性。

孩子的意见与家长明显不同，怎么办

孩子的意见，并非都无道理。有时，初看起来，大人的意见比孩子的意见好，可顺着孩子的思路，他们的意见其实也可能有道理。

有些小事，明知道不对，也不妨让孩子去试错。试错，让孩子在错误中反省，也是一种教育方式。我们大人回想自己的生活经历，不管事业如何成功，都免不了曾经历过错误与失败。吃一堑长一智，失败乃成功之母，说的就是犯错误也具有一定的价值。

当然，少犯错总归好些。所以，平等对话很重要。跟孩子一起分析利弊后再由孩子自主决定，犯错误的可能性就小。如果经过平等对话，孩子的意见还是跟我的不一样，我的方法是，以时间换取决定的合理性。

比如，我希望孩子俩多喝牛奶与水，少喝可乐等饮料。我问孩子喝什么饮料好，孩子说喝水好，这很好办，我就说："就照你说的办！"如果孩子说喝可乐好，我不会马上给予否定，而是先说说喝水有什么好处，喝可乐有什么坏处。过段时间，我又提出这个话题，孩子如果还是说喝可乐好，我再分析，依然不代替他们做决定。总有一天，孩子的想法会与我的想法一样，我先表扬他们，然后叫他们讲讲理由。这时，我总是很高兴地发现，孩子讲的理由，实际上就是前几次我引导的话。到时候了，我会问："你的意思……"孩子说："当然喝水与牛奶好啦！"我才说："就照你说的办！"以时间来等待选择的合理性，这是我家庭教育中感到特别满意的做法。

引导孩子自主制订计划，是培养独立人格的好方法

有些需要一段时间坚持做的事，我会引导孩子俩自主制订计划，交由我讨论后再实施。探究小课题，由孩子自主制订计划；学科作业，引导孩子俩自主选择；自学方法，鼓励孩子自主摸索。孩子俩从小独立性就相对强些。

我在温州市建设小学做校长时，根据家庭教育用"你说呢？""就照你说的办！"培养孩子的自主性，创新了学生家庭素养自主作业，很受孩子和家长喜欢。我在广东碧桂园实验学校也推行这种方法。学校会发给学生一张《家庭素养自主计划表》，每个孩子围绕安全保护、视力保护、生活自理、孝顺长辈、尊重他人、健身、阅读、探究、学艺、劳动等项目，在家长的引导下自主制订计划，每月先孩子自评，再由家长评价，最后到学校领取"家庭卡"奖励。这个创新的精髓就是，宏观上由大人把握，微观上由孩子自己做主。如课外阅读，孩子自主

设计阅读时间、阅读书目和阅读方式，体现了孩子的事由自己做主。

这个创新，在全国很多学校都推广应用了。这个方法，家长完全可以借鉴。没有表格，一张白纸就可以。希望孩子做些什么事，不妨先来个"你说呢?"，让孩子自主制订计划。

让孩子决定自己的事，是与自己的事情自己做的习惯一脉相承的，既是习惯，也是能力，同时影响独立人格，定型后就是性格。

性格在青春期定型

性格是一个人对待生活、处理问题、与人交往的态度和行为方式，对身心健康、人际关系发展、职业生涯发展以及家庭和谐都有重要的意义。

性格是可塑的

性格与气质、人格密切相关。气质是一个人先天的表现在心理活动的强度、速度、灵活性与指向性等方面的心理特征，性格则是在气质基础上通过环境影响和教育作用逐步形成的行为方式。人格是一个人在对人、对事、对自己等方面的相对稳定的心理特征，性格则是人格的外在行为方式。气质是人格与性格的基础，气质是先天的，而人格、性格都是后天形成的。气质和人格都是心理特征，而性格是行为特征。

性格以先天气质为基础，不是说只能顺其自然。我小时候性格很内向，考上师范学校时，我的老师都认为我并不适合当教师，后来我却成为知名校长，足见，性格是可塑的。

人的性格从最初的萌芽到成熟定型，要经历童年期的发展、青春期的基本定型、成年期的自我调节，之后逐步走向成熟。童年期是性格的发展期，在性格定型之前对性格进行塑造显得分外重要。

如何塑造良好的性格

第一，基于气质进行塑造。人的气质有不同分类，教育界比较认同的一种分类是将气质分为多血质（活泼型）、黏液质（安静型）、抑郁质（抑制型）、胆汁质（兴奋型）四类。每种气质都有优点与不足。我认为，每个人身上都同时存在这些不同的气质，无非所占的比例不同；通过教育影响，调整气质的组合方式，可形成优良性格。

对活泼型、兴奋型气质的孩子，让他适当学习书法、绘画、乐器等技能，有利于形成坚毅性格。对安静型、抑制型气质的孩子，平时多给他出场露面的机会，比如上台演讲、参加各类社会活动等，有利于形成阳光型性格。

我家孩子俩小时候，我很注重他们性格的养成教育。我女儿天生比较活泼。我觉得，对女孩子来说，性格应该温柔些、包容些，于是对她加强平常心的培养。我儿子比较安静。我着重培养他的阳刚性，教育他要有克服困难的勇气和志气，做一个能屈能伸的男子汉。

第二，抓关键要素。一个是习惯，另一个是价值观，还有一个是自主性。

习惯，是性格的重要组成部分。教育界有句名言：播种行为，收获习惯；播种习惯，收获性格；播种性格，收获命运。习惯是在价值观形成之前，在家长引导下形成的行为方式。众多习惯中，被孩子价值观所认同的最终会沉淀下来，这些沉淀下来的能够自律的习惯，会成为性格的一部分。

价值观是人格的底色，而人格是性格的内在心理特征，因此，价值观决定人的性格。如果价值观出问题，性格就会变质。

自主性，直接关系到孩子的独立人格，更要从小培养。如果长期忽视自主性，孩子会形成依赖型人格，这最终会以依赖型性格表现出来。

第三，让孩子自主进行人际交往。性格需要在社会交往中得到锻炼。孩子是家庭关注的中心，当与大人发生矛盾时，由于大人谦让，矛盾就弱化了，长此以往，很多孩子难免会形成以自我为中心的倾向。而在学校，孩子之间的交往是平等的，冲突也就容易出现。从社会化角度看，这些冲突并不都是坏事，正是锻造孩子性格的契机。

第四，抓关键期。性格形成是个循序渐进的过程。比如，自尊感是与人格相关的重要情绪，3岁左右萌芽。又如，孩子大脑皮层的兴奋机制相对抑制机制而言更占优势，所以自控能力较弱，如果在三四岁开始培养，大多数孩子五六岁时都能形成一定的自控能力。不要觉得孩子还小等以后长大些再教育，等过了年龄段，常常是"江山易改，本性难移"了。

最重要的是抓住习惯教育的关键期，以及性格塑造的关键期。习惯教育的关键期在婴幼儿期和小学低段。为什么说青春期是性格塑造的关键期？因为价值观会在青春期逐步定型，价值观决定人格，人格决定性格，价值观定型了，性格也随之基本定型。

青春期，孩子在生理、心理方面会发生急剧变化，会变得敏感，有时会无故地忧伤，有时会为一点常人都不在意的"缺点"而自卑，有时情绪不可控，很多孩子会出现价值观的迷茫期。有些孩子甚至会变得偏激。对青春期的孩子多点尊重，多点平等对话，有利于良好性格的定型。

帮助孩子度过青春迷茫期

幼小孩子很可爱,每天都在成长,常给家长惊喜。幼小孩子都听话,很多家长感觉教育也不复杂,赏识一下,说教一下,需要时训斥一下,好像就有效果。

孩子日长夜长,长着长着就大了,很快到了青春期。家长用心陪伴,陪着教着就开始时常迷惑了,感觉自己孩子的问题越来越严重,且不说学习不如别人家孩子,还怎么不听话了?很多家长对青春期孩子的教育束手无策。

青春期是孩子人生的十字路口

青春期孩子的教育相当难,家长往往很迷茫,很多孩子也迷茫。

孩子迷茫什么?

有生理变化的迷茫。身体开始发育,第二性征的出现,性意识的觉醒,这都会让孩子好奇又困惑。如果没有专业的引导,这些生理、心理的变化会让孩子感到迷茫。

有价值观重构的迷茫。孩子从小到大都是听大人的,随着独立人格的逐步形成,当重新审视大人灌输的价值观,孩子会发现自己对很多价值观并不认同,由此重构属于自己的价值观。在重构价值观的过程中，孩子常会感觉迷茫。

有学习分化的迷茫。小学低段同学之间成绩尽管有差异，但总体上也差不多。随着年级的升高，成绩开始分化。成绩明显退步的孩子，容易感到迷茫。

有亲子关系的迷茫。孩子会越来越希望自己的事由自己来决定，可家长总是处处插手。孩子感到不舒服，又觉得自己也不对。孩子有时候跟家长还闹矛盾，感到很迷茫。

当前的孩子，还要面对应试教育的现实压力。写不完的作业、睡眠不足、运动不足、引领精神成长的阅读不够，有些孩子心情很压抑。对应试教育不适应的孩子，有些还会出现抑郁问题。

青春期也被称为心理断乳期、迷茫期、叛逆期。这时期的孩子，太需要关爱与解惑。但是，许多家庭出现亲子关系的危机。一方面，孩子心理特征变化，越来越叛逆。另一方面，一些家长还错把说教当教育，因怕出问题而紧盯着孩子一言一行。孩子要独立，家长要严管，他们之间的矛盾不可调和。

要改善亲子关系，理当从家长做起，要了解孩子的心思。

青春期孩子的心理特征有：一是独立性增强，渴望用自己的眼睛看世界，用自己的标准衡量是非曲直。二是心理纠结，孩童世界已打破，新的成人世界尚未建立，内心充满了矛盾和冲突。三是心理上"锁"，喜欢掩饰、隐藏自己的真实情绪。四是易冲动，容易出现过激言行。这几个心理特征是普遍规律，一般孩子都会出现，只是不同孩子表现出来得或多或少而已。

青春期教育有技巧

青春期孩子普遍难教，但是方法总比困难多。我的经验是，家长要努力做到以下几点，会有利于改善亲子关系，从而帮助孩子度过青春迷茫期。

第一，目中有人。比如"人"与"才"的关系。孩子成绩好不好、有无特长，这是"才"。家长很容易把才看得过重，或者常把成绩挂在嘴边，孩子会产生"你看中的是分数不是我"的感觉。比如"人"与"事"的关系。当碰到一些麻烦事情的时候，有些家长会对孩子发火。就事论事来说，如果孩子是当事人，家长发火也可以理解。但是如果把孩子当出气筒，那么就目中无"人"了。比如自己家孩子和别人家孩子的关系，每个孩子都有优缺点，家长如果整天称赞别人家孩子，会让自家孩子反感。

目中有人，就要尊重孩子作为社会人的自尊心，如果公开揭孩子的丑，那么就是目中无人的表现。青春期孩子情绪波动大，是这个年龄的共性，要尊重孩子作为精神人的情绪。就像人感冒了一样，心理也会感冒，孩子如果顶撞家长，家长同样要给予更多关爱，而不是气呼呼地打压他们。要尊重孩子的独立人格，每个孩子都要走向独立人，孩子不听话，也有独立性增强的原因。

第二，心中有爱。没有家长不爱孩子，但孩子不一定都能感受到这份爱。传递爱，需要心灵沟通。教育界有句流行的话：一棵树摇动另一棵树，一朵云推动另一朵云，一个灵魂唤醒另一个灵魂。让孩子感受家长的爱的最好方法，是平等对话。对话是心灵与心灵的交流，在互动过程中可以很自然地传递爱。

关爱孩子的一些细节，也能传递爱。比如孩子进步时给个鼓励，孩子碰到困难时给个拥抱，路边鼓掌，雨中递伞，等等，这些细节中孩子容易感受到爱。

有天上午，我在家门口碰到一件事。下了小雨，好多人都在大厅避雨，突然传来一位骑电动车的父亲的吼声——"快走，迟到了"。被吼的是一位男孩，看起来是位初中生，一米八左右的身高。男孩不愿走，想等雨小些，但父亲继续吼着要走。避雨的人都看着这对父子。我看到男孩脸上流下两行眼泪，气呼呼地冲进雨中坐上电动车后座。下午，正巧在电梯里又碰到这位父亲。我说"孩子长这么高了，这样的态度会伤害自尊心的"，这位父亲说自己脾气确实差，但孩子习惯不好、成绩不好，这很气人。我建议他晚上向孩子道歉，他说绝不可能，不然孩子更不听话了。我再建议他晚上给孩子做几个菜，他说孩子会喝热牛奶的，平时都是妈妈热，今天自己来。我用这件事做分析，父亲当众吼孩子，就是目中无人的表现。晚上送孩子一杯热牛奶，起码会让孩子感受到父亲的心中也是有爱的，在感情上也可以弥补下孩子。

第三，手中有法。教育方法哪里找？要研究孩子，研究家教方法。教师上课都要备课，备教材、备学生、备教法，要不断参加培训。家庭教育实际上也要备课，要学习。

家长要学习教育学、心理学常识，虽很难学得非常专业，但有点教育常识是需要的。正如医学，每个人不可能都懂专业知识，但懂点保健常识是可以做到的。特别要学习成功家长的经验。每个孩子都不一样，他人的经验不一定就有用，但总会有所启发。我家庭教育的做法，就深受我老乡蔡笑晚先生的影响。

青春期孩子的教育，最好的方法还是平等对话，跟孩子多聊聊。如果孩子不跟家长聊，怎么办？我想，只要做到目中有人、心中有爱，孩子会愿意的。

目中有人、心中有爱、手中有法，适合于任何年龄孩子的教育。如果从幼儿期就努力做到这些要求，孩子到了青春期一般都不会太迷茫、太叛逆。

我家孩子俩青春期基本上没有出现逆反心理。曾有记者在采访我时问过这个问题，我问我儿子对此有什么想法。儿子说："没有压迫哪来反抗？爸爸的教育方法真的很好，总是跟我们商量，意见一致时听我们的，意见不一致时好像都是听爸爸的。虽然实际上都是听爸爸的，但在教育过程中，总让人感觉是爸爸在支持我们自己的决定。"我儿子说出了我一贯追求的尊重与要求相结合的教育方法。

后　记

我于1984年中师毕业做教师，一边教书一边参加浙江省高等教育自学考试取得大专文凭。1989年再读大学本科，看到陈鹤琴先生研究自己儿子而成为一名教育家的故事，我也树立起了做家庭教育专家的理想，研读教育文献，初步形成自律、自学、自立的教育理念。

自律，是受陈鹤琴的影响，我特别认同"凡是儿童自己能够做的，应该让他自己做；凡是儿童能够自己想的，应该让他自己想"。自立，即重视内心精神世界和独立人格，是受英国教育家洛克的影响。自学，是我的切身体会，我读初中时就自学，大专学历也是自学获得。

1991年，读小学三年级的外甥彬厌学，无计可施的姐姐让彬转学并住到我家里来。当时我还没有结婚，斗胆承担起家庭教育的重任来。

1994年8月，我家得了一对龙凤胎。我当时在瑞安市教育局高中科工作，对高中学生的学习状态很了解。看到这么可爱的孩子，我联想到如果到高中时他们变得目光无神，那是很遗憾的。于是，我下定决心要将家庭教育做好。

1995年，我原创人格坐标，并以健全人格为导向，把理念变成可操作的方法。自律，从习惯开始，以家规、评价引导自我反省。自学，即幼儿"玩中学"，学龄期进行拓展学习、探究学习、超前学习。自立,即从小树立远大志向,与孩子平等对话,让孩子决定自己的事。

我对孩子俩的教育,总体比较顺。一方面,我有教育理念的储备。另一方面,我外甥、外甥女、侄儿、侄女都曾住到我家接受我的家庭教育,我戏称,在做父亲之前已做"实习父亲"。

2001年,我到瑞安市安阳实验小学做校长,请时任中央教科所教育心理研究室主任俞国良教授指导"尊重教育"课题。俞教授是著名心理学家,启发我以心理学理论思考教育。同时,我认识到自律、自学、自立的本质也是对儿童个性的尊重,看来不管是家庭教育还是学校教育,其规律是相通的。于是,我将家庭教育中的"100个好"评价应用到学校,创新了星卡评价;把孩子俩少做作业、省下时间自学的做法推广到学校,创新了自主作业。瑞安市安阳实验小学约三分之一毕业生考上瑞安中学,我也成为名校长。

2006年,《人民教育》杂志管理室主任任小艾老师来瑞安采写《陈钱林和他的"尊重教育"》,她说我的教育思想不亚于魏书生,引导我开博客。我跟家人商量要不要把家教故事写出来。我母亲说:"把好东西分享给别人是积德的事。"年底,我在新浪开了博客,开始写家教随笔。

孩子俩童年期,我有机会加入上海市教育科学研究院顾泠沅先生的课题组,得到顾先生、著名教育家吕型伟先生和北京景山学校老校长贺鸿琛教授的指导;有机会加入时任北京市十一学校校长李希贵的课题组,还参加时任中国人民大学附属中学校长刘彭芝的全国卓越校长培训班、美国肯恩大学教育培训班、首届长三角名校长培训班,认识了众多教育大伽,我的教育思想的境界不断提升。

2008年,我儿子考上中科大少年班;2011年,我女儿考上南科大首届教改实验班。温州市妇联约我做公益讲座，讲座先后两次在温州电视台播放。

2011年，我调到温州市建设小学做校长。我把星卡评价、自主作业等教育方法推广到这边，并将家庭教育中"你说呢？""就照你说的办！"等有利于独立人格形成的经验应用到学校，创新了家庭综合素养自主作业。

2012年开始，我在《温州都市报》连载家教文章49篇，在全国权威期刊《中小学德育》连载家教文章48篇，在《人民教育》连载家教文章21篇，并在浙江新闻网、今日头条等媒体开过专栏。

2014年，我被杭州师范大学以人才引进的方式调到杭州师范大学附属学校做校长。我以人格坐标为指导提出"健美智"校训和课程体系，在初中部推广星卡评价、自主作业、个性化走班拓展学习等措施。

2015年，孩子俩都在世界名校攻读博士学位。此时，外甥获上海交通大学硕士学位后在上海市政府工作，外甥女已考上公办教师，侄儿从英国留学回来自主创业，侄女也大学毕业。回想我的家庭教育，有成功和欣喜，也有不足和遗憾。应北京源创一品文化传播有限公司吴法源先生的约稿，我出版了专著《家教对了，孩子就一定行！》。该书成为畅销书，并得到了由教育部教育管理信息中心主办的《基础教育参考》的转载。

2016年，我加盟碧桂园教育集团，做过小学、初中、高中校长，还管理过4所幼儿园，进一步了解到不同年龄段的儿童教育的基本原理和方法。特别是做广东碧桂园实验学校校长时，我根据人格坐标提出"追求健康生活、精神成长、个性化学习与独立人格"目标，将"自律、自学、自立"作为校风，将作息时间自主管理、低段自由阅读、青春期阅读名人传记、肯说比说得好更重要、拆装旧家用电器、立志、自学、小课题探究等家庭教育经验推广到学校，并丰富了星卡评价、自主作业、自主管理、自学方法指南等。学校保证小学生每天10小时、初中生每天9小时的睡眠时间，每天1小时的健身时间，只要成绩在预期范围内就可以少做或不做老师布置的统一作业，教学成绩在全区拔尖。教育部基础教育课程教材发展中心将学校确定为基础教育课程改革实验基地，并在学校举办主题为"面向未来的个性化学习"研讨会，会上推广了自主作业和系列自学措施。

2017年，《南方都市报》约我写家教文章，我开了专栏，连载了26篇。2020年初，全国中文核心期刊《中小学管理》向我约稿，我写了10篇文章，其中谈自学的4篇文章被《中国教育报》转发。我的教育思想进一步丰富起来。

我很高兴地发现，源于我家庭教育的星卡评价，已经在全国几千所学校推广应用；源于我家庭教育的家庭综合素养自主计划和作息时间自主管理等方法，也在全国各地推广；源于我家庭教育的自主作业、小课题探究、名人传记阅读、拆旧家电探究学习等方法，也深受全国同行称赞与借鉴。特别高兴的是，我家庭教育的自律、自学、自立核心思想，在全国得到广泛传播。

2021年初，我儿子解决了一个数学难题，全国各大媒体，包括新华社、学习强国、微言教育、《光明日报》、《解放日报》、《广州日报》、《浙江日报》、澎湃新闻等都采访或者引用我的家教观点。

近几年，我越来越觉得，自律、自学、自立是儿童教育的本质所在，在家庭教育中适用，在学校教育中同样适用。我思考要写本新书，从家庭教育的角度，把符合儿童教育真理的理念和方法讲透彻。这样，感兴趣的家长，将这本书跟《家教对了，孩子就一定行!》结合起来阅读，可以更快地摸索出家庭教育的有效办法；有志于研究儿童教育真理的中小学教师，通过本书也能更容易把握住教育规律。于是，我陆陆续续写了些文章。

写作过程中我脑海里一直有个词语"去伪存真"。

一是对我的家教经验进行反思，把最符合教育规律、最实用的经验保留下来，争取每篇文章都能让读者在理念上有所启发或者方法上有所借鉴。

二是对媒体的报道做个去伪存真的回应。有些媒体把我说成是"鸡娃"家长的代表，喜欢传播让孩子上课时间不去学校、在家自学的做法，把我说成是另类的家长。实际上，让孩子部分时间在家自学是我面对孩子不适应学校教育而不得已采取的应对措施，风险很大，不具备教育规律。我的教育经验，是关于自律、自学、自立的一个教育思想体系和符合儿童教育规律的可操作的系统教育方法。

2023年底，我老家瑞安市教育局局长向我报喜，一直在传承我做校长时所确立的教育理念的瑞安市安阳实验小学被教育部评为全国义务教育教学改革实验校，这是重大荣誉。我恰好又接到作家林青溪老师向我约稿的邀请，写一本家庭教育新书，届时，争取上"樊登读书"推荐书目。欣喜之余，我挤出时间完成了书稿。

本书分家教故事、家教方法两部分。家教故事，是过去发表在新浪博客的家教随笔。家教方法，大部分为新写的文章，也选择了我的中小学教师培训专著《教育的本质》中关于健全人格和自学方法的几篇文章，我从家庭教育的角度做了修订。书稿不局限于我的育儿经历，而是从儿童教育的共性来分析，写的是家庭教育的理念与方法，揭示的是儿童教育的本质与规律。

本书取名《看见孩子的宇宙——拿来就可用的家庭教育方法》，"宇宙"指每个孩子都有自己独立的时空，儿童教育要给孩子更多的自主时空；也指孩子内心精神世界的深度与复杂性，需要教育者的理解和尊重。

成稿之际，特别感谢我的父母和岳父岳母！我父母极其善良、极其吃苦耐劳，培养子女勤劳持家、勤奋好学。孩子俩出生后，他们主动承担养育重任。我岳父岳母对孩子俩也特别关爱。孩子俩婴儿期，我岳父几乎每天下班后就来我家，一起帮助我们呵护孩子俩成长。

感谢我的妻子！她是一位知识女性，既聪明又贤惠。她教过小学语文和数学，本来也有可能追求名师荣誉，但孩子俩出生后，把相夫教子作为己任。在全社会"卷"孩子时，她支持我的教育理念，共同为孩子俩创设了当今孩子少有的相对宽松的成长环境。

感谢孩子俩的老师！孩子俩机遇好，一路上碰到的都是好老师，都给予他们个性化学习的机会。

感谢浙江人民出版社，将此书做成精品图书！

感谢翻到此书的有缘人！

如果您是家长，期待着您能耐心阅读，本书介绍的几乎所有方法都经过实践验证或是经我反复推敲过后感觉符合儿童教育规律的，好多方法很容易借鉴，相信总有一招适合您的孩子。

如果您是教师，期待着您能细心品读，本书每个文字都是我用心写出来的，相信基于儿童教育本质的教育思想体系和系统方法，会让您的教育风格和教学艺术如虎添翼。